学前教育专业教育教研成果系列教材

幼儿园数学教育

（第2版）

主　编　刘立民
副主编　吕　姝　唐　明　边　锐

北京理工大学出版社
BEIJING INSTITUTE OF TECHNOLOGY PRESS

版权专有　侵权必究

图书在版编目（CIP）数据

幼儿园数学教育 / 刘立民主编 . -- 2 版 . -- 北京：北京理工大学出版社，2021.4（2024.8 重印）
ISBN 978 - 7 - 5682 - 8624 - 4

Ⅰ . ①幼… Ⅱ . ①刘… Ⅲ . ①学前教育 - 数学教学 - 高等学校 - 教材 Ⅳ . ① G613.4

中国版本图书馆 CIP 数据核字（2021）第 001741 号

责任编辑：孟祥雪		**文案编辑**：孟祥雪	
责任校对：周瑞红		**责任印制**：边心超	

出版发行 / 北京理工大学出版社有限责任公司
社　　址 / 北京市丰台区四合庄路 6 号
邮　　编 / 100070
电　　话 /（010）68914026（教材售后服务热线）
　　　　　（010）68944437（课件资源服务热线）
网　　址 / http：// www.bitpress.com.cn

版 印 次 / 2024 年 8 月第 2 版第 4 次印刷
印　　刷 / 定州启航印刷有限公司
开　　本 / 710 mm × 1000 mm　1/16
印　　张 / 12.25
字　　数 / 180 千字
定　　价 / 36.50 元

图书出现印装质量问题，请拨打售后服务热线，负责调换

前　言

《幼儿园教育指导纲要》中指出：幼儿园教育的内容是广泛的、具有启蒙性的，可按照幼儿学习活动的范畴划分为健康、社会、科学、语言、艺术等五个方面，即我们通常所说的幼儿园教育的五大领域。"初步理解事物的数量关系，能用比较、分类、测量等简单方法探究事物"是幼儿园科学教育的内容之一。也就是说，科学教育领域包括数学教育的内容。

本书主要适用对象是幼儿师范专业学校和高职院校学前教育专业的学生，旨在适应和推动我国高职学前教育课程改革，为广大的幼教工作者提供"幼儿园数学教育"方面的参考和帮助。本书也可作为幼师、本科学前教育专业学生以及其他旨在培养学生实践能力的培训机构的教学参考用书。

本书以《幼儿园教育指导纲要》（以下简称《纲要》）为理论基础，以"3—6岁儿童学习发展指南"为实践依据，根据课程是实现教育目的、教育价值载体的思想，比较深入地研究了《纲要》颁布以后幼儿园科学教育领域课程内容及改革方向，并对中外已有的学前教育资料进行了认真研究，取其精华，去其糟粕，加以理论上的归纳，力图做到有的放矢，理论联系实际，对现行的幼儿园科学教育领域的教学有所补益。本书是面向学前教育专业的学生和一线教师的一本学前教育教材。

本书除了具有观点外显、思路清晰、表述通俗、文例结合、立足现实的特点外,试图在"是什么"和"为什么"的基本铺垫后,让学习者更多地知道"怎么做",从而提高从事学前科学教育领域的教育教学工作的实际能力。

本书具有以下特点:

第一,理论性、系统性。本书吸收了现代认知心理学和发展心理学的研究成果,借鉴国内外幼儿园数学教育、科学教育的科研成果和教学实践经验,形成了较系统的理论观点,具有较高的理论性。并对幼儿园数学教育、科学教育目标、内容、教学的原则、方法、评价与研究都做了系统的阐述,力求使本书具有较强的系统性和完整性。

第二,实践性、针对性。根据幼儿数学概念认知发展的理论和教育的实践经验,科学地选择和阐述各年龄班数学教育内容和具体的教学方法,图文并茂,案例丰富,增强了教材的趣味性和可阅读性,是指导实际教育工作不可缺少的教材。

本书由刘立民担任主编,负责制订编写大纲、制订体例、编写和全书的修改统稿工作。在本书的编写过程中,各位编者的分工是:第一单元由吕姝编写;第二单元由唐明编写;第六单元、第七单元由边锐编写,并负责全书的PPT制作;前言、第三单元、第四单元、第五单元、第八单元、第九单元由刘立民编写。

作者根据自己多年的教学体会与实践经验,本着全面性、客观性、实用性、发展性的原则,力求对幼儿园数学教育课程的改革进行深入的研究和探索。但是由于编者才疏学浅,难免有不当之处,敬请读者批评指正。

目 录

第一单元　幼儿园数学教育概述 …………………………………… (1)

第一课　幼儿园数学教育的基本问题 ………………………… (2)
一、幼儿园数学教育的意义 ……………………………………… (2)
二、幼儿学习数学的心理特点 …………………………………… (3)
三、幼儿园数学教育的任务 ……………………………………… (6)

第二课　幼儿园数学教育的目标 ……………………………… (11)
一、幼儿园数学教育目标制定的依据 …………………………… (12)
二、幼儿园数学教育目标的内容 ………………………………… (14)

第三课　幼儿园数学教育的内容 ……………………………… (18)
一、选择幼儿园数学教育内容的依据 …………………………… (18)
二、幼儿园数学教育的内容及各年龄段的要求 ………………… (19)

第二单元　幼儿园数学教育的途径与方法 ………………………… (24)

第一课　幼儿园数学教育的途径 ……………………………… (25)
一、专门的数学教育活动 ………………………………………… (25)
二、渗透的数学教育活动 ………………………………………… (26)

第二课　幼儿园数学教育的基本方法 ………………………… (29)

一、操作法 ……………………………………………………………（30）

二、游戏法 ……………………………………………………………（32）

三、讨论法 ……………………………………………………………（34）

四、比较法 ……………………………………………………………（35）

五、发现法 ……………………………………………………………（37）

六、讲解演示法 ………………………………………………………（37）

第三单元　幼儿园数学教育活动的设计与实施 ………………（39）

第一课　幼儿园数学课堂活动的设计与实施 ………………（39）

一、备课 ………………………………………………………………（40）

二、教案设计 …………………………………………………………（43）

三、数学教育活动中应该注意的问题 ………………………………（48）

第二课　幼儿园说课设计 …………………………………………（49）

一、说课的含义 ………………………………………………………（49）

二、说课一般形式介绍 ………………………………………………（50）

三、说课稿的撰写 ……………………………………………………（50）

四、说课的要求 ………………………………………………………（52）

第四单元　幼儿感知集合的发展及教育 ………………………（54）

第一课　幼儿感知集合的意义及年龄段特点 ………………（55）

一、幼儿感知集合的意义 ……………………………………………（55）

二、幼儿感知集合发展的年龄特点 …………………………………（57）

第二课　物体分类教学——幼儿感知教学的途径 …………（59）

一、分类的意义 ………………………………………………………（59）

二、幼儿常见的分类形式 ……………………………………………（59）

三、教学要求 …………………………………………………………（60）

四、教学方法 …………………………………………………………（61）

第三课　比较两组物体相等与不等的教学 …………………（68）

一、比较两组物体相等与不等的教育意义 …………………………（68）

二、教学要求 …………………………………………………………（69）

三、教学方法 …………………………………………………（69）

第四课　区别"1"和"许多"的教学 ……………………………（71）
　　一、区别"1"和"许多"的意义 ………………………………（71）
　　二、教学要求 …………………………………………………（71）
　　三、教学方法 …………………………………………………（71）

第五单元　幼儿数概念的教育 ……………………………………（77）

第一课　幼儿的计数活动特点 ……………………………………（79）
　　一、什么是计数活动 …………………………………………（79）
　　二、计数活动的实质 …………………………………………（79）
　　三、计数活动的结构及发展 …………………………………（79）
　　四、幼儿数概念发展的年龄阶段特点 ………………………（80）
　　五、幼儿数概念形成的标志 …………………………………（81）

第二课　基数的教学 ………………………………………………（82）
　　一、教学要求 …………………………………………………（82）
　　二、教学内容及方法 …………………………………………（83）

第三课　序数的教学 ………………………………………………（90）
　　一、教学要求（中班） ………………………………………（91）
　　二、教学方法 …………………………………………………（91）
　　三、教学中应注意的问题 ……………………………………（92）

第四课　数的认读和书写教学 ……………………………………（95）
　　一、教学要求 …………………………………………………（95）
　　二、教学方法 …………………………………………………（95）

第五课　10以内数组成教学 ………………………………………（97）
　　一、教学要求 …………………………………………………（97）
　　二、教学方法 …………………………………………………（98）
　　三、教学中应注意的问题 ……………………………………（100）

第六课　幼儿10以内数的加减运算 ………………………………（103）
　　一、幼儿加减运算能力发展的特点 …………………………（103）
　　二、幼儿加减运算能力发展的年龄特点 ……………………（110）

三、幼儿学习口述应用题的特点 …………………………………… (112)

四、口述应用题在幼儿学习加减运算中的作用 …………………… (112)

第七课　幼儿加减计算能力的教学 ……………………………………… (114)

一、实物加减的教学 …………………………………………………… (114)

二、自编口述应用题的教学 …………………………………………… (115)

三、列式计算的教学 …………………………………………………… (116)

第六单元　幼儿园量概念的教育 ……………………………………… (123)

第一课　幼儿认识大小和长度及重量能力的发展 ……………………… (124)

一、幼儿认识大小和长度能力的发展说明 …………………………… (124)

二、幼儿重量感知能力的发展 ………………………………………… (130)

第二课　幼儿量排序能力的发展 ………………………………………… (134)

一、对幼儿进行量排序教育的意义 …………………………………… (134)

二、幼儿认识量的教学 ………………………………………………… (138)

三、教幼儿学习自然测量的方法 ……………………………………… (143)

第七单元　幼儿园几何形体概念的教育 ……………………………… (146)

第一课　幼儿对几何形体认识的发展 …………………………………… (147)

一、幼儿认识几何形体的一般发展过程 ……………………………… (147)

二、幼儿认识几何形体的年龄特点 …………………………………… (149)

第二课　平面图形的教学 ………………………………………………… (151)

一、教学要求 …………………………………………………………… (151)

二、教学方法 …………………………………………………………… (152)

第三课　几何体的教学 …………………………………………………… (157)

一、教学要求 …………………………………………………………… (157)

二、教学方法 …………………………………………………………… (157)

第八单元　幼儿园空间和时间发展及教学 …………………………… (162)

第一课　幼儿空间方位的发展及教学 …………………………………… (162)

一、幼儿空间方位认识的发展 ………………………………………… (163)

二、认识空间方位的教学 ……………………………………………… (164)

目 录

第二课　幼儿对时间认识的发展及教学 （169）
　　一、幼儿认识时间的发展特点 （169）
　　二、幼儿认识时间的教学 （170）

第九单元　幼儿园数学教育活动的评价 （174）

第一课　幼儿园活动评价概述 （175）
　　一、自评 （175）
　　二、他评 （175）

第二课　幼儿园数学活动评价 （179）
　　一、目标的定位 （179）
　　二、数学情景创设 （179）
　　三、教学过程设计 （179）
　　四、幼儿的操作练习 （180）
　　五、师幼互动的处理 （180）
　　六、活动带来的思考 （180）

第三课　多元化评价 （180）
　　一、运用作业分析法进行评价 （181）
　　二、幼儿的自我评价 （181）

参考文献 （185）

幼儿园数学教育概述

1. **内容提要**

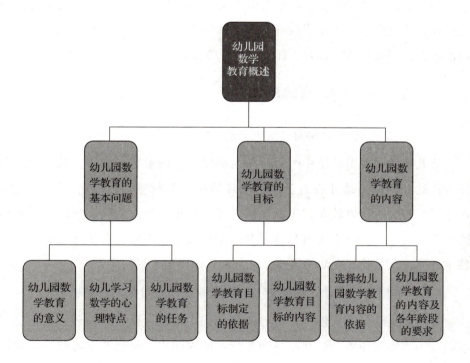

2. **教学基本要求**

了解数学教育内容中蕴涵的数量关系,了解数学教育的途径,灵活运用基本的教育方法。

第一课　幼儿园数学教育的基本问题

幼儿园数学教育是幼儿全面发展教育中的一个重要组成部分。它是将幼儿探索周围世界的数量关系、空间形式等自发的需求，纳入有目标、有计划的教育过程，通过幼儿自身的操作和建构活动，促进他们在认知、情感、态度、习惯等方面整体、和谐发展的过程。它是幼儿在教师或成人的指导下，通过自身的活动，对客观世界中的数量关系及空间形式进行感知、观察、操作、发现并主动探究的过程；它是幼儿积累大量有关数学方面的感性经验、主动建构表象水平上的数学初步概念、学习简单的数学方法和技能、发展思维能力，特别是逻辑思维能力的过程；它是发展幼儿好奇心、探究欲、自信心，得到愉快的情绪体验，产生对数学活动的兴趣以及培养良好的学习习惯的过程。研究和掌握幼儿园教育的规律和特点，对于我们更好地对幼儿进行启蒙教育，开发儿童的智力，有十分重要的意义。

一、幼儿园数学教育的意义

（一）有助于幼儿对周围生活世界的认识

幼儿生活在现实环境中，每样东西都以一定的形状、大小、数量和位置呈现在幼儿面前。幼儿在自己生活的环境中，不断感知数、量、形、类别、次序、空间、时间等数学知识，在认识客观事物、与人交往、解决生活中遇到的有关问题时，都不可避免地要和数学打交道。因此，对幼儿进行初步的数学教育，既是幼儿生活的需要，又是其认识周围世界的需要。

（二）有助于培养幼儿的好奇心、探究欲及幼儿对数学的兴趣

好奇心是幼儿的天性，好奇心驱使他们去注视、摆弄、发现、探索、了解周围的事物和环境。好奇心是幼儿学习的内驱力，是幼儿学习获得成功的先决条件。这种好奇心和探究力往往需要通过某些活动方式，如观察、操作、提问等表现出来。

幼儿园数学教育为幼儿提供了多种形式的数学活动，不仅保护了幼儿的

好奇心，并促使其发展，同时也避免了从现实物质世界中抽象出来的"数学"知识的枯燥化和模式化。这样不仅可以使他们学得轻松愉快，感受到心理的满足，对数学产生积极的态度，同时还能为幼儿成长、正确对待生活和周围事物产生良好的影响。因此，有目的、有计划的数学启蒙教育，为幼儿参与各种数学活动并从中得到积极的反馈提供了良好的机会，能够激发幼儿主动学习、探索数学的能力，继而逐渐对数学产生持久的兴趣。

（三）有助于幼儿思维能力及良好思维品质的培养

发展幼儿的思维能力是多途径的，向幼儿进行初步的数学教育是发展幼儿思维能力的一个重要而有效的途径。许多心理学家和教育学家注意到，最基本的数学结构和幼儿的运算思维结构之间有着非常直接、密切的联系。苏联教育家加里宁曾经指出：数学是思维的体操。由于数学本身具有抽象性、逻辑性、辩证性以及广泛的应用性等特点，即使是让幼儿掌握初浅数学概念和学习简单的运算，也需要他们把感知到的材料，经过一番分析与综合、抽象与概括、判断与推理，由感性认识逐步上升到理性认识。在这个认识过程中，就可以发展幼儿的观察力、记忆力、思维力、注意力等，尤其是逻辑思维能力。所以，幼儿园数学教育能较大程度地满足幼儿思维发展的需要，起着与其他学科截然不同的作用。

（四）有助于日后的小学数学学习

数学不仅是现代科学技术的基础和工具，而且是普通教育中一门重要的基础课程，所以在幼儿入学前进行数学启蒙教育无疑将有利于他们顺利地在小学学习数学，为日后的数学学习打下基础，并提高数学学习的水平。通过幼儿周围的生活环境和设计数学游戏活动，让幼儿接触和认识一些粗浅的数学基本知识，逐渐积累数学的感性经验，同时运用数学与其他学科间的横向联系，形象地让幼儿感知数学的美（科学美、抽象美、创造美）、真实、正确、新奇、普遍和有用，能为幼儿日后形成正确的数学观念和概念打下基础。

二、幼儿学习数学的心理特点

幼儿逻辑思维发展的特点，使其在建构抽象的数学知识时，时常发生困难。但同时，幼儿逻辑思维的发展为数学学习提供了一定的心理准备。为此，必须借助于具体的事物和形象，在头脑中逐步建构一个抽象的逻辑体系，必须不断努力摆脱具体事物的影响，使那些和具体事物相联系的知识能够内化于头脑，成为具有一定概括意义的数学知识。幼儿学习数学时表现为以下心理特点：

（一）从具体到抽象

幼儿的思维主要是以形象思维为主，对物体的认识往往需要借助具体直观的材料。但数学知识却是一种高度抽象的知识，需要摆脱具体事物的其他无关特征才能获得。它与幼儿对数学知识的理解恰恰需要借助于具体的事物，并且容易受到具体事物的影响的特点是一对矛盾。这种矛盾在年小的幼儿身上表现得尤为突出。例如小班幼儿往往能说出家里有爸爸、妈妈、爷爷、奶奶、自己，却不容易抽象出家里一共有几个人；有些幼儿在学习数的组成时也会受日常生活经验中平分观念的影响。如有的幼儿认为 3 不能分成两份，因为不好分，除非再多一个。由此说明，幼儿还不能从事物的具体特征中摆脱出来，从而抽象出数量特征，这种由事物的具体特征而带来的干扰，将随他们对数学知识的抽象性质的理解而逐渐减少。

（二）从个别到一般

幼儿数学概念的形成，不仅存在一个逐渐摆脱具体形象，达到抽象水平的过程，同时也存在从一个理解个别具体事物到理解其一般和普遍意义的过程。例如有些幼儿在按数取物的活动中，往往会认为与一张数字卡片相对应的只能取这样相同数量的物体，把数字与个别物体相对应，而没有理解为也可以取别的相同数量的物体；再如有些幼儿刚开始学习数的组成时，对分合关系的理解往往停留在教师所举的例子那一种具体物体上。只有随着数的组成学习的逐渐深入，才能慢慢认识到这些具体事物之间的共同之处，即它们所表示的数量是相同的，因而也就可以用一个相同式子来表示。实际上对于其他数学知识的学习，幼儿也经历了同样的概括过程。

（三）从外部动作到内部动作

我们经常可以观察到，有些小年龄的幼儿在完成数数任务时，往往要借助于外显动作，如用手一一点数、扳手指头数数，等等；有些孩子在理解数的分合关系以及简单的数的运算时，也需要借助对实物的具体操作动作才能完成；对年龄较小的幼儿来说，涉及数运算的列式计算就有困难，但若是采用实物操作进行简单的数运算就比较容易。而到了大班，随着年龄的增长和数经验的逐渐积累，一般幼儿都能在理解符号基本意义的基础上，学习10以内列式计算。当然，这种不借助动作而内化完成的心理运算，是与幼儿初期所经历的有关数运算的外部演示操作密切相关的。这种充分摆弄操作实物的外部动作过程，对于他们进一步理解数字中的抽象关系是不可或缺的，能够很好地帮助幼儿理解加减之间的数量关系，符号所代表的"合起来"与"剩下"等意义，以及整体与部分间的关系。可见，对于学龄前儿童来说，对数概念的理解和学习是一个从外显的、具体的动作运算水平，逐渐向内化的、抽象的心理运算水平过渡的过程。对于某些数概念和能力发展较迟缓的幼儿来说，这一过渡的过程可能更持久、缓慢。同时，也可以看到，应当给年龄小的幼儿尽可能提供动作水平上的操作，它既符合幼儿学习数学的心理需要，也更有助于幼儿对数概念的理解与掌握。

（四）从无意识到有意识

所谓"意识"，是指对自己的认知过程的意识。幼儿往往对自己的思维过程缺乏自我意识，主要是因为其动作还没有完全内化，他们对事物的判断还停留在具体动作的水平，而未能上升到抽象的思维水平。其思维的自觉程度是和其动作内化程度有关的。这种"无意识"的特点往往在小年龄幼儿身上显现得更为突出。例如有些孩子在用语言归纳或表述自己的"数行动"或操作结果时，其自我意识会出现语言和行动不一致的情况，即我们通常所说的"手口不一"，自觉程度较差。这是因为这个年龄的幼儿在掌握数概念的过程中尚未能从具体的事物中抽取出本质的、抽象的特征来理解，而停留在具体经验和外部动作上，没有思维和内化语言支持时，幼儿在抽象、概括的表述上是有困难的。作为教师，应当了解幼儿的这一心理发展特点，充分认识到语言尤其是抽象、概括的数学语言在数概念获得中的关键价值，鼓励幼儿在操作活动中用语言概括、表达、交流，以不断提高幼儿对其动作、思维的意识程度，促进幼儿的知识内化，帮助幼儿认知由"无意识"

向"有意识"过渡。

(五) 从自我为中心到社会化

正是因为幼儿的认知和思维的"意识"程度不高,其概括和内化水平有限,也就由此表现出他们在思维上的"自我为中心"化的特点,只关注自己的动作而不能很好地内化,更不能关注到同伴的思维或与同伴产生积极合作、交流和有效的"数行动"。因此,帮助幼儿在发展数认知能力的过程中,逐渐地摆脱以"自我为中心",提高社会化程度是非常重要和关键的。

对于幼儿来说,摆脱"自我为中心"到"社会化",是其思维抽象性发展的重要标志之一。当幼儿能够在头脑中思考自己的动作,并具有越来越多的社会意识时,他才能逐渐克服思维的自我中心,努力理解同伴的思想,从而产生真正的交流和合作,同时在交流与互学中得到启发。

三、幼儿园数学教育的任务

幼儿园数学教育的任务主要有以下几个方面:

(一) 通过数学教育,使幼儿获得简单的数学初步知识和技能

幼儿具有接受简单的数学初步知识的可能性。首先,幼儿在早期生活中已经接触并积累了大量有关数学方面的感性经验,这是向幼儿进行数学教育的重要前提。幼儿很小的时候,用手抓东西,有的能握在手中,有的却握不住;不同形状的东西有的能站住不动,有的却滚掉了;淘气时,一会儿爬到桌面上,一会儿又钻到桌子底下,新奇地探索着不同的空间;各种玩具,如积木以鲜艳的色彩,不同的形状、大小和数量吸引着他们。总之,他们生活所接触到的周围世界中五彩缤纷、形形色色的物体无不在他们幼小心灵中积累下关于数、形、时、空方面的感性经验。国内外大量实验研究证明,3~6岁幼儿能够理解一些最初步的数学知识,特别是5岁以后更是初步数概念迅速发展的时期。例如,在正确教育下,4~5岁幼儿能理解20以内数的实际含义,并能不受其他因素的干扰,准确地理解20以内的数。5岁半以后,随着幼儿抽象思维的初步发展,幼儿掌握数概念的抽象程度有所提高,可以不完全依靠直观理解数量关系,并在一定抽象水平上掌握20以内数的组成和加减

运算。

可见，教给幼儿一些简单的数学初步知识和技能，不仅是幼儿所能接受的，而且有别于小学数学教育。

（二）发展幼儿思维能力

智力是人类创造文明的主要内在因素。智力的早期开发对提高人口素质的重要作用已经被各国的研究及教育实践所证明。在当前科学技术和生产迅猛发展的时代，培养年轻一代具有独立获得知识和探索发明的才能，已成为全世界教育领域所关注的中心课题，也是我国幼教改革中引起广泛兴趣和注意的问题。

智力，一般是指由感知、观察力、注意力、记忆力、想象力、思维能力和语言能力等组成的认识活动的综合能力。其中，思维能力是智力的核心部分。思维能力的发展程度，是整个智力发展的缩影和标志。

发展幼儿的思维能力是多途径的。向幼儿进行数学初步教育，是发展幼儿思维能力的一个重要而有效的途径。这一作用主要由数学本身具有的抽象性、逻辑性和辩证性以及广泛的应用性等特点所决定。同样，幼儿接受的数学初步知识，也无例外地具有这些特点，从而使幼儿的数学教育能较大程度地满足幼儿思维发展的需要，起着与其他学科不同的特有作用。例如，数学具有抽象性。因为数学在研究量的关系时，总是暂时舍去事物所具有的许多具体的特点，而抽象探讨事物的量。乍看起来，好像数学所探讨的量是和具体事物无关，然而它却是从许多具体事物抽象出来的一种普遍关系。例如自然数4，它可以代表4个皮球、4只小鸡、4架飞机、4朵花等一切数量为4的事物集合。因此，4就是从元素4的具体物体集合中舍去了皮球、小鸡、飞机、花等具体的特点，仅抽象出它们数量关系的结果。

思维按其抽象性可分类为直觉行动思维、具体形象思维和抽象逻辑思维。幼儿思维的发展趋势是直觉行动思维发生变化，具体形象思维成为幼儿思维的主要特点，抽象逻辑思维开始萌芽。思维又具有智力品质上的特点，如敏捷性、灵活性、深刻性、独创性和批判性等，这些特点也是衡量思维品质的标志。

根据幼儿思维特点及发展趋势，可以从对思维活动的态度、思维类型以及思维的智力品质三个方面，提出幼儿园数学教育中发展幼儿思维的具体要求。

（1）激发幼儿思维的积极性和主动性，就是通常所指的使幼儿愿意动脑筋思考问题。幼儿对待思维活动的积极性和主动性是获得数学知识和技能以及发展思维能力的基本前提，它体现了幼儿在数学活动中对待智力活动的态度和主观愿望，是保证智力发展的一个重要的非智力因素。

（2）充分依靠幼儿的具体形象思维，促进幼儿思维抽象能力和推理能力的初步发展。具体形象思维是指依靠有关事物的具体形象和表象进行思维。具体形象思维是幼儿期的主要思维方式。它是在直觉行动思维的基础上发展起来的，同时又成为抽象逻辑思维的基础。幼儿数学初步概念的获得，首先应充分依靠具体形象思维。例如，运用不同材料，通过各种活动形式，让幼儿多次反复感受到同样数量的多种物体，在取得丰富的感性经验的基础上，初步抽象出它们在数量方面的共同特征，会正确点数并说出总数，达到初步理解某数实际含义的目的。这是依靠具体形象思维的结果，是在具体形象思维基础上形成的最初步的数的抽象。当然，在这个过程中，幼儿的具体形象思维也得到进一步的发展。

在数学教育中发展幼儿的思维应不限于此，还要在此基础上促进幼儿思维抽象能力和推理能力的初步发展，这是发展幼儿思维的一个重要内容。思维抽象能力和推理能力是较高层次的思维能力，这种能力的发展离不开具体形象思维，但与具体形象思维有本质上的区别。

（3）培养幼儿思维的敏捷性和灵活性。这是幼儿在数学活动中力所能及的。敏捷性指思维活动的速度，即反应的快与慢。灵活性指思维变化的快慢程度，即善于改变思维的方向，从不同方面思考问题，灵活运用知识。例如，让小班幼儿找一找自己身上什么东西是两个的（两只眼睛、两只手、两只脚、两只耳朵等）；让中班幼儿用不同的方法使相差为1的两排物体变成一样多（给少的一排物体添上一个或从多的一排物体中取走一个）；中大班幼儿可对不同颜色和不同形状甚至不同大小的几何图形进行多角度分类（可按颜色或形状或大小）等。这些活动均要求幼儿改变思维方向，对同一对象从不同方面进行观察思考，才能做出正确的回答。

幼儿园数学教育应把发展幼儿的智力这一任务放在显要的地位。从某种意义上讲，它比掌握简单的数学知识更为重要。事实上，幼儿所能接受的数学知识是有限的，然而，在幼儿获取数学知识的过程中，成人对幼儿思维能力的启迪却能对幼儿日后的学习和成长长期起着积极的作用。

（三）培养幼儿对数学活动的兴趣和良好的学习习惯

兴趣是人们探究某种事物带有情感色彩的认识倾向。它是幼儿学习数学初步知识、发展思维能力的内在积极因素。

古今中外伟大的科学家和杰出人物，他们的创造和成就往往和他们对所从事的事业具有强烈的兴趣分不开。德国大数学家高斯还在年幼的时候就对数学产生了浓厚的兴趣，兴趣激励他顽强地攀上数学的高峰。达尔文童年时被视为"呆头呆脑"的幼儿，也正由于对植物的浓厚兴趣，促使他百折不挠地成为一个伟大的生物学家。所以，天才的全部奥秘就在于强烈的兴趣和顽强的勤奋精神。

兴趣又是幼儿从事一切活动的前提。那些有鲜明色彩的、形象的、变化多端的事物容易引起幼儿兴趣和学习愿望。但是数学的抽象性恰恰又缺乏这些引起幼儿兴趣的有利条件，数学活动组织得不好还易造成枯燥乏味的现象。因此，应将培养幼儿学习数学的兴趣和愿望作为向幼儿进行数学教育的一个任务，使它成为幼儿学好数学初步知识的敲门砖和手段，并贯穿到整个数学教学过程中去。

兴趣是可以培养的。一般来说，幼儿对数学活动的兴趣是和正确的引导、恰当的教学内容、方法及良好的活动方式成正比的。教师应该研究和掌握的能引起幼儿学习数学兴趣的因素主要有以下几点：

1. 适合幼儿水平的学习内容

教学内容的要求应是在幼儿原有知识的基础上，经过一定的努力能掌握的，过难或过易的知识都会降低幼儿的学习兴趣。

2. 能引起幼儿积极思维活动的活动形式和教学方法

一切数学活动的组织，均要让幼儿付出智力上的努力，尽力独立完成任务，才能吸引幼儿。游戏活动、启发式教学和操作探索是引起积极思维活动的重要方法。

3. 多种多样的直观材料、玩具和教学形式的新颖性

由此可见，科学的教学内容与直观的教学手段相结合的方法是一个以内因为主，调动幼儿学习数学兴趣和积极性的正确途径。我们要避免单纯依靠外部因素的刺激和吸引，单纯依靠玩具材料、游戏的花样翻新来迎合幼儿的好奇心，而不顾及数学知识及智力上的要求来引起兴趣的教学方法。当然，多种多样的直观教具是引起幼儿学习数学兴趣不可缺少的因素，但是教具的运用要服从于具体的教学要求，不是越多越好。

另外，在培养幼儿学习数学兴趣的同时，应有意训练幼儿做事认真细致、有条理、能克服一些困难和有始有终等良好的学习习惯。这些习惯的培养是和学习的兴趣相关联的。良好的学习习惯既是顺利进行数学学习所必需的，也是小学学习的重要准备工作。

（四）面向全体幼儿进行数学启蒙教育，使每个幼儿在原有基础上获得不同程度的发展

对全体幼儿实施全面发展教育，这是《纲要》中的主要指导思想之一。面向全体幼儿进行数学启蒙教育，是幼教工作者神圣而光荣的职责和任务。但是，在面向全体幼儿进行教育的同时，还应力求使每个幼儿在自身原有的基础上获得不同程度的发展。

这一任务的提出是与教育者的幼儿观相联系的。长期以来我们强调教育者在实施有目的、有计划的教育活动中的主导作用，这是正确的。但是另一方面却忽略了幼儿作为接受教育的主体，在受教育过程中的主观能动性，即通过活动，自己探索知识、认识周围世界的主动性的一面。在理论上，承认幼儿的个别差异，而实际工作中却忽视了幼儿的个别需要，幼儿园数学教育中往往出现一种不良倾向，就是教师灌输的多，激发幼儿主动探索的少；统一要求的多，因材施教的少。正确的方法是每个学前教育教师努力创造条件，使每个幼儿在他原有的基础上切实地得到进一步发展。

使每个幼儿在自身原有的基础上，获得应有的不同程度的发展，不是降低对幼儿的要求，而是使数学教育能从每个幼儿的实际出发，从不同的起点，

获得最大限度的发展。经过努力，有的幼儿也许只能达到一般水平，有的则可达到较高水平。

（五） 创设数学教育的环境和物质条件

幼儿的心理是在活动中、在和周围人的相互作用中发展起来的。在数学活动中，幼儿与周围的人（成人、教师、同伴）以及物质材料发生相互作用，从而引起幼儿的积极思维活动，促进幼儿探索和建构数学知识。这种相互作用的过程，也是幼儿学习数学知识的过程。同时幼儿的数学活动离不开可供操作的物质材料，如各种实物、玩具、图片、卡片等。对材料的操作，能使幼儿具体地理解数学概念，直觉地体验到物体的形状、数量以及它们的关系等。这一点恰恰是抽象的数学概念及其符号不能比拟的。在幼儿园数学教育中，物质材料是通向抽象数学世界的桥梁。因此，为幼儿创设数学教育的环境和物质条件，不应仅仅看作一个可有可无的具体措施，而要将它提高到幼儿园数学教育任务的高度，应予以重视并执行。

以上几方面的任务，既有区别又相互联系和渗透，而且是在同一教学过程中实现的。我们不可能脱离数学教育的内容，空谈培养幼儿对数学活动的兴趣和发展思维能力以及促进每个幼儿的发展。当然，如果对数学学习没有兴趣，感到厌倦，学好数学知识和技能以及发展智力也就无从谈起。同样，如果只注重知识而轻能力，也会造成呆板死记、窒息幼儿智慧的不良后果。而创设数学教育的环境和物质条件，则是实现各项任务的前提和保证。

第二课　幼儿园数学教育的目标

幼儿园数学教育是借助直观教具和材料，通过幼儿自身的活动，帮助幼儿对客观世界中的数量关系和空间形式进行感知、操作、发现并主动探究的过程；是幼儿主动建构表象水平上的初步数学概念，发展思维能力以及产生对数学活动的兴趣、培养良好的学习习惯的过程；是促进幼儿全面发展教育的一个重要组成部分。因此，幼儿园数学教育的目标不仅规定了对幼儿进行数学教育的目的和要求，同时还规定了向幼儿进行数学教育的依据和准则。它可以明示教育进展的方向，界定教育计划的范围，影响教育活动的设计，决定教育评价的依据。有了明确的教育目标，才有可能选择相应的教育内容，即为幼儿选择所需要的学习经验，才能够依据目标评价数学教育的效果。由此可见，幼儿园数学教育目标的确定是十分重要的。

一、幼儿园数学教育目标制定的依据

教育目标是教育者制定的。不同时代、不同国家所制定的教育目标不同；同一时代、同一国家中的不同教育组织或实践者，也会制定出不同的教育目标。这是不同的社会发展需要在不同的目标制定者头脑中反映的结果，也是不同方面的幼儿发展需要和规律在不同的目标制定者头脑中反映的结果。教育者要想制定出相对合理的教育目标，就必须不断深入全面了解社会发展及幼儿发展的需要和规律，使教育目标的实施、检验、调整等活动成为一个开放的动态过程。

在确定幼儿园数学教育目标时，既要考虑当代社会以及幼儿教育目标对幼儿园数学教育的要求，还要研究幼儿身心发展的特点、水平以及幼儿由当前的发展阶段过渡到下一个发展阶段的过程、方式和规律，研究幼儿园数学教育本身的特点。只有综合研究这几方面的因素，合理地处理好它们之间的关系，才有可能提出较为适宜的幼儿园数学教育目标，并以此指导幼儿园数学教育的实践。下面就影响幼儿园数学教育目标制定的依据和因素分述如下：

（一）幼儿的发展

幼儿作为教育的对象，其发展也有着共同的特点与规律。有关幼儿发展的科学研究成果，可以使我们预知幼儿生长变化的普遍性顺序，把握幼儿的发展需要和发展规律，使教育者获得有关教育目标制定的相关信息。如幼儿数概念的发展、初步逻辑思维的发展有着从具体操作层面逐步向抽象层面过渡的特点，由此可以启示教育者以此为一个方面的依据，在制定幼儿园数学教育目标时，考虑帮助幼儿获得有关物体数量、形状、空间、时间等方面的感性经验，并由此逐步形成一些基本的数学概念。

幼儿身体、心理的发展是互相影响、密切相关的。幼儿的认知发展与其身体的、社会的、情感的发展是相互促进、相辅相成的。幼儿如果对事物具有浓厚的兴趣，对自己的能力充满信心，在学习过程中就会积极地进行探索，主动地发现问题，并寻求解决问题的办法。此时，幼儿的心理状态是积极的、主动的。在这种状态下，他的认知能力、情感、态度和意志力都会得到较好的发展。由此说明，对幼儿进行的任何一方面的教育，都必须重视从幼儿整体的发展观特点出发。也正是基于上述这些认识，我们在制定幼儿园数学教育目标时，就不仅要从幼儿认知发展的特点和规律上来把握，而且要以幼儿整体发展为依据，提出既包括认知，也包括情感、态度、个性及社会发展等方面的综合的、整体的教育目标。

（二）社会的要求

教育总是受一定的社会文化和历史背景制约，一个国家的政治、经济、科学文化等因素构成了教育目标制定的客观依据。任何社会都是要将自己的理想角色作为教育所追求的目标，因而，教育目标也就会或多或少地打上时代的印记，直接或间接地反映着社会的需要。当然，幼儿园数学教育也不例外。社会的需要、社会发展的现状和趋势以及对人才培养的要求理所当然地会影响幼儿园数学教育目标的制定。由于不同时代、不同社会对人才培养的要求不同，所提出的教育目标也会有所区别。例如我国解放初至 20 世纪 70 年代的教育，虽然在总目标中也反复强调坚持全面发展的方向，但在各个不同时期的具体教育目标中，仍可以看出不同的偏向性，在目标的落实过程中，偏差则更大。反映在幼儿园数学教育目标中，就是比较重视基本知识、基本技能的掌握，重视开发、发展幼儿的智力。而 20 世纪 80 年代以后，特别是进入 20 世纪 90 年代以来，随着社会、科学、经济发展的日新月异，人们认识到时代的发展对教育提出了更高的要求。因此，在数学教育目标中除了重视幼儿智力的发展、思维的培养外，更应重视幼儿良好个性的发展。

（三）学科的特性

对于幼儿园数学教育而言，数学学科本身的知识体系、学科结构、学科学习规律、学科教育价值等都是数学教育目标制定的主要依据。它能够给教育目标的制定工作提供十分重要的参考信息。

当代科学与技术、经济与生产的迅猛发展，表明数学已经成为现代科学的技术和工具。任何科学的探索和发明，都有可能涉及数学方法的运用。成功地运用数学的原理和方法将有可能促使一门学科达到完美的境地。同时，作为普通教育中一门重要的基础课程，数学不仅能教给学生学习文化科学知识、从事各种实践活动的必要基础知识，还能通过数学教育促进幼儿智慧的增长。幼儿的数学活动与幼儿的语言活动、游戏活动、艺术活动等是幼儿人格成长、素质发展所不可或缺的基本"链条"中的一个环节和一个基本构成要素。由此可见，数学不单是一种知识、一种工具，也是一种文化。正是确立学科本身的这一特点，才使我们在建构幼儿园数学教育目标的过程中，以发展思维为数学教育的核心，提出了要发展幼儿初步逻辑思维能力及良好的思维品质。

二、幼儿园数学教育目标的内容

（一）幼儿园数学教育的总目标

1. 认知方面的目标

（1）帮助幼儿学习一些初步的、粗浅的数学知识和技能，获得有关物体形状、数量以及空间、时间等方面的感性经验，并使幼儿逐步形成一些初步的数学概念。

（2）培养幼儿运用已有的经验解决问题的能力，培养和发展幼儿的思维能力。

2. 情感与态度方面的目标

（1）诱发幼儿参与数学活动的愉悦情感，培养幼儿对数学活动的兴趣，有参与数学活动和选择活动的主动性和独立性。

（2）养成良好的学习习惯。

（3）初步培养幼儿形成交流、合作的意识和能力。

3. 操作技能方面的目标

（1）培养幼儿正确使用操作材料的技能。

（2）培养幼儿养成做事认真、仔细、有条理、不怕困难等良好的学习习惯。

（二）幼儿园数学教育的年龄段目标

1. 小班

（1）学习按物体的一个特征进行分类。

（2）学习按物体量（大小、长短）的差异进行 4 个以内物体的排序，学习按物体的某一特征进行排序。

（3）认识"1"和"许多"及其关系。

（4）学习用一一对应的方法比较两组物体的数量，感知多、少和一样多。

（5）学习手口一致地从左到右点数出 4 以内的实物，能说出总数，能按实物范例和指定的数目取出相应数量的物体，学习一些常用的量词。

（6）认识圆形、正方形、三角形。

（7）学习以自身为中心区分上下、前后、里外的空间方位及认识早、晚的时间概念，知道早、晚有代表性情节的日程变化。

（8）能听懂老师的话，学习按照游戏规则进行活动；大胆地回答问题，初步学习用语言讲出操作活动的过程和结果。

（9）愿意参加数学活动，喜欢摆弄、操作数学活动材料；能在老师帮助下学习按要求拿取、摆放操作材料。

2. 中班

（1）认识 10 以内的数字，理解数字的含义，会用数字表示物体的数量。

（2）学习 10 以内的基数：顺着数、倒着数、学习目测数群，学习不受物体空间排列形式和物体大小等外部因素的干扰，正确判断出 10 以内的数量，感知和体验 10 以内自然数列中相邻两数的等差关系。

（3）学习 10 以内的序数。

（4）认识长方形、梯形、椭圆形。

（5）学习按某一特征的肯定与否定进行分类；学习概括图形的两个特征；能按两个特征对同一物体进行逐级分类。

（6）学习按量（粗细、高矮、厚薄等）的差异进行 6 以内的正、逆排序；学习按特定的规则排序。

（7）能听清楚老师的话，能按照要求进行活动，并学习按照要求检查自己的活动。

（8）能安静地倾听老师和同伴的讲话；学习用语言表述自己的操作活动的过程和结果。

（9）观察、比较、判断10以内的数量关系，逐步建立等量观念；运用已有的知识经验，解决新的问题，学习新的知识，促进初步的推理和迁移能力的发展。

（10）能自己选择小组活动，即能根据各个小组的活动情况，确定自己去哪组活动；在日常生活中，选择喜欢的数学游戏活动。

（11）能主动地、专心地进行数学操作活动，并对自己的活动成果感兴趣；在教师的引导下，能注意和发现周围环境中物体的量的差异、物体的形状以及它们在空间的位置等。

3. 大班

（1）学习10以内的单数、双数、相邻数以及认识零。

（2）学习10以内数的分解和组成，体验总数与部分数之间的等量关系，部分数与部分数之间的互补和互换关系。

（3）学习10以内数的加减，认识加号、减号，帮助幼儿理解加减法的含义，初步掌握20以内加减运算的技能，体验加减互逆关系。

（4）学习按物体两个以上特征或特性进行分类，并学习按标记进行逐级分类。

（5）初步感知集合的交集、并集关系及包含关系。

（6）能按物体量的差异和数量的不同进行10以内正、逆排序，初步体验数列之间的传递性、双重性及可逆性关系。

（7）认识几种常见的立体图形（正方体、球体、长方体、圆柱体）；能根据形体特征进行分类；体验平面图形与立体图形之间的关系。

（8）学习等分实物或图形；学习自然测量。

（9）学习以自身为中心区分左右和向左、向右方向运动。

（10）能认识时钟，学会看整点、半点，学习看日历，知道年、月、星期的名称和顺序。

（11）能听清楚若干操作活动的规则，能按规则进行活动，能按规则检查活动的过程和结果，并能参加较多小组的活动。

（12）能清楚地讲述操作活动的过程和结果。

（13）能在老师的帮助下归纳、概括有关的数学经验；学习从不同角度、不同方面观察与思考问题；能通过观察、比较、类推、迁移等方法解决简单的数学问题。

（14）积极、主动地参加数学问题的讨论；学习有条理地摆放、整理活动材料。

（15）能与同伴友好地进行数学游戏，能采取轮流、适当等待、协商等方法协调与同伴的关系。

（三）数学教育活动目标

数学教育活动的目标应具体、可以操作，并尽量用行为化的语言加以描述，这样就比较能为教师所把握，使得教师能够在活动中观察到幼儿掌握目标的情况，观察、判断幼儿的发展状况。同时，又使教师可以依据这一活动的评价设计后面的教育活动，提出相应的、更上一层的教育目标。在表述数学教育活动目标时，可以从教师角度出发提出教育目标，如学习 5 以内的数数；也可以从幼儿角度出发提出发展目标，如学习 5 以内的数数；还可以从评价的需要出发提出评价目标，如能手口一致点数 5 以内的实物。为了让教师在教育活动中将注意的焦点集中在关注幼儿变化、研究幼儿发展上，在制定教育活动目标时，我们尽可能采用发展目标来表述。同时，数学教育活动目标的提出还应与活动的知识内容紧密联系，也就是说，教师在引导幼儿学习某一知识内容时，应充分调动幼儿学习的主动性和积极性，让幼儿在活动中通过自己的探索与发现，获得有关的数学经验。在探索与发现的过程中，幼儿的认识能力、情感与态度、动作与技能等也获得相应的发展。此外，数学教育活动目标还要与数学教育总目标、年龄段目标相一致，只有相互衔接，才能使幼儿在数学活动中获得更好的发展。

总之，幼儿园数学教育活动目标不仅要与活动内容相联系，体现系统性和逻辑性，也要与活动方式相联系，体现多样性和灵活性。

第三课　幼儿园数学教育的内容

幼儿园数学教育的内容是实现幼儿园数学教育目标的媒介和保证，是将目标转化为幼儿发展的重要中间环节，也是教育活动设计和实施的主要依据。

一、选择幼儿园数学教育内容的依据

选择幼儿园数学教育内容是一项目的性和科学性很强的工作。它既要贯彻当今社会及未来社会对幼儿发展的要求，又要体现《纲要》精神，符合我国幼儿园数学教育的要求，同时更要考虑幼儿本身的知识体系和幼儿对数学概念认知发展的特点和规律。因此，应科学而合理地选择和安排幼儿园数学教育的内容。

（一）符合幼儿园数学教育的目标要求

幼儿园数学教育目标是根据《纲要》的精神，以促进幼儿全面整体发展及适应未来社会发展的要求而提出的。在《纲要》中明确规定了幼儿园数学教育目标："引导幼儿对周围环境中的数、量、形、时间和空间等现象产生兴趣，建构初步的数概念，并学习用简单的数学方法解决生活和游戏中某些简单的问题。"它是根据我国全面发展的教育目的和幼儿身心发展的规律而确定的，它为我们确立幼儿园数学教育目标体系提供了方向性和指导性的依据。根据这一要求，我们在建构数学教育的目标体系时应当考虑以下几点：

1. **如何使数学教育促进幼儿的全面发展**

数学教育不仅要重视幼儿智力的发展、思维的培养，还要重视幼儿良好的个性素质的整体发展。

2. **如何体现教育面向未来的思想**

幼儿是未来社会的主人翁，幼儿园数学教育要着眼于培养适应和创造未来社会的复合型人才。这种人才不仅要拥有丰富的知识技能，还要具备获取知识、探索发现的能力以及人际交往的能力等。因此，在数学教育目标体系

中也要体现对幼儿开拓、探索、竞争精神以及合作、交往、宽容等健康心理品质的培养。而以数学教育目标为依据选择数学教育的内容，不仅能更切实、有效地保证目标的实现，而且能确保以促进幼儿思维发展为核心来实施数学教育。

（二）遵循数学知识本身的科学性、系统性

幼儿园数学教育内容的选择，首先必须体现数学学科的特征。数学是一门逻辑性、科学性很强的基础学科，其知识本身是相互关联、系统有序的。由此，幼儿园数学教育的内容应从数学学科的特点出发，考虑安排相关的知识，内容不仅仅涉及粗浅的数概念，还应包括量、空间、时间、形等方面的简单知识。

（三）结合幼儿的认知发展特点和规律

在选择数学教育内容时，不仅应考虑符合数学知识本身的科学性、系统性，还应注意考虑幼儿的认知发展特点。幼儿的认知发展在某个阶段会出现不同的特点，体现在数学概念的初步理解上要经历一定的发展过程，这一过程带有普遍的规律性及年龄差异。这些认知发展特点为幼儿掌握初步的数学概念提供了可能性。因此，在选择数学教育内容时必须遵循幼儿这方面的认知发展特点及规律。

（四）考虑为幼儿入小学做准备的需要

在选择、安排幼儿园数学教育的内容时，还有一个方面不可忽视，即要为幼儿入小学的学习做准备。幼儿的数学教育是数学的启蒙教育，重在培养幼儿对数学的兴趣和初步的逻辑思维能力，为小学的学习打下基础。因此，在安排数学教育内容时，应与小学低年级的数学教学内容、要求相衔接，特别是10以内的数概念及20以内加减运算教育是幼儿进入小学以后进行更正规的数学学习的重要基础，因此，在内容的选择上要注意与此的衔接。

二、幼儿园数学教育的内容及各年龄段的要求

按照选择幼儿园数学教育内容的依据，并参考国内外有关理论及经验，幼儿园数学教育内容应包括：感知集合、数、形、量、时间和空间等几个方

面。各年龄段的要求如下:

(一) 小班年龄段数学教学内容及要求

1. 感知集合

(1) 根据范例和口头指示从一堆物体中分出一组物体。

(2) 按物体的某一特征(颜色、大小、形状等)进行分类。

(3) 区分"1"和"许多",并理解它们的关系。

(4) 用学会一一对应的方法来比较两组物体多、少和一样多(物体个数在4以内)。

2. 4以内的数概念

(1) 手口一致地点数4以内的物体,理解数的实际意义。

(2) 能按数取物(4以内)。

3. 量的比较及自然测量

(1) 比较物体的大小和长短。

(2) 从4个以内物体中找出并说出最大和最小的物体。

(3) 按物体的外部特征(颜色、形状等)或量的差异特征(大小、长短等)进行数量在4以内物体的正排序。

(4) 能按特定规则指示排序(序列数量在3个以内)。

4. 认识几何形体

(1) 认识区分圆形、三角形和正方形。

(2) 能用圆形、正方形、三角形进行组合拼搭。

5. 空间方位的认识

以自身为中心区分上下、前后、里外的空间方位。

6. 时间概念的认识

认识早、晚(白天、黑夜)的时间概念及有代表性情节的日常变化。

(二) 中班年龄段数学教学内容及要求

1. 感知集合

(1) 能从一堆物体中把不属于这个集合的元素找出来。

（2）按物体量的某一特征（高矮、粗细、厚薄等）进行分类。

（3）按物体的数量分类。

（4）进一步以对应方法比较不同类物体的多、少和一样多（物体个数在 10 以内）。

2. 10 以内数概念

（1）正确点数 10 以内的物体，理解数的实际意义。

（2）能按数取物或按物取数（10 以内）。

（3）理解 10 以内相邻两数间的多"1"和少"1"的关系。

（4）初步认识 10 以内数的守恒。

（5）学习 10 以内的序数。

（6）学习 10 以内的顺着数和倒着数。

（7）学习 10 以内的阿拉伯数字。

3. 量的比较及自然测量

（1）比较粗细、高矮、厚薄、轻重不同的两个物体。

（2）从几个物体中找出等量的物体。

（3）按物体的外部特征（粗细、厚薄、高矮等）和数量多少进行 6 个以内物体的正、逆排序。

（4）能按特定规则指示排序（序列数量在 5 以内）。

4. 认识几何形体

（1）认识长方形、梯形和椭圆形。

（2）能按平面图形角和边的数量正确区分、辨认不同的图形（形的守恒）。

（3）初步理解平面图形间的简单关系。

（4）用 6 种平面图形进行拼搭。

5. 空间方位的认识

（1）逐步学习以个体为中心区分上下、前后、里外的空间方位。

（2）会按指定的方向（向上、向下或向前、向后）运动。

6. 时间概念的认识

认识昨天、今天、明天的时间概念。

（三）大班年龄段数学教学内容及要求

1. 感知集合

（1）初步理解集合的包含关系，根据指示找出集合中的子集合。

（2）初步感知集合的交、并集关系。

（3）按物体两种（或两种以上）特征进行分类。

（4）学习按标记进行逐级分类。

（5）比较两个集合的对应关系，能说出其对应法则。

2. 10 以内的数概念

（1）认识零。

（2）学习单双数和相邻数，了解 10 以内相邻数的等差关系。

（3）学习目测数群及按群记数。

（4）学习 10 以内数的组成，理解总数和部分数之间的等量、互补和互换关系。

（5）正确书写 10 以内的阿拉伯数字。

3. 20 以内的加减法

（1）通过学习简单的口述应用题，理解 20 以内加减法的含义。

（2）学习用数的组成进行 20 以内加减法运算及列式。

4. 量的比较及自然测量

（1）比较远近、宽窄、体积，区分不同的两个物体。

（2）初步学习量的守恒。

（3）按物体量的差异和数量多少进行 10 个以内物体的正、逆排序，并初步理解序列之间的传递性、双重性和可逆性关系。

（4）按特定规则指示排序。

（5）学习自然测量。

5. 认识几何形体

（1）认识区分正方体、球体、长方体和圆柱体。

（2）寻找、区分、理解平面图形和立体图形间的关系。

（3）学习几何图形的二等分、四等分，知道整体和部分间的分合方法、关系。

6. 空间方位的认识

（1）学习以自身为中心区分左右方位。

（2）会向左、向右方向运动。

7. 时间概念的认识

（1）认识时钟，学会看整点和半点。

（2）学习看日历，知道年、月、星期的名称和顺序。

学练结合：

1. 结合自身成长经历，说一说数学教育在成长中的作用。

2. 教育目标分为哪三个层次？说一说为什么情感目标尤为重要。

3. 考考自己，看到幼儿园数学教学内容是否马上知道是哪个班型的教学内容？

4. 练习写一些小、中、大班的教学目标。

幼儿园数学教育的途径与方法

1. 内容提要

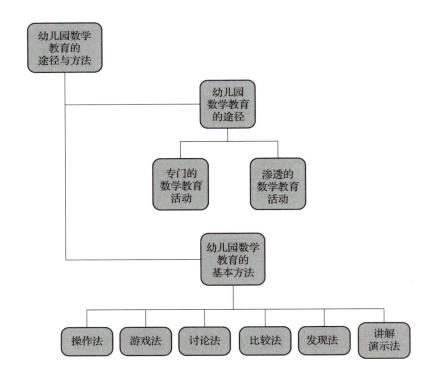

2. 教学基本要求

了解数学教育的途径,灵活运用基本的教育方法。

第一课　幼儿园数学教育的途径

幼儿园数学教育的途径，即指实施数学教育所采取的活动组织形式。数学是一门系统性、逻辑性很强的学科，数学教育有着自身的特点和规律。它需要教师系统地、有目的地精心设计和组织数学环境和活动，以启发、引导幼儿数学思维的发展。幼儿园数学教育的途径是十分灵活而丰富多样的。在对幼儿进行数学启蒙教育的过程中，负载着数学教育的目标，传递着数学教育的内容，是数学教育目标转化为幼儿发展的主要环节。

幼儿园数学教育途径分为专门的数学教育活动和渗透的数学教育活动。

一、专门的数学教育活动

专门的数学教育活动，是指教师组织和安排专门的时间让幼儿参加的专项数学活动。在这种活动中，幼儿接触的是以数学为主要内容的材料和环境。

为了更进一步探讨不同活动形式对幼儿数学概念学习及整体发展的作用和价值，为了更好地促进幼儿的主体发展，我们也可以将专门的数学教育活动再具体分为教师预定的数学教育活动和幼儿自主选择的数学教育活动两类。

（一）教师预定的数学教育活动（正式的数学教育活动）

教师预定的数学教育活动是指教师有目的、有计划地组织全体幼儿，通过幼儿自身参与活动，掌握初步概念并发展幼儿思维的一种专项数学活动。其特点是事先经过缜密的筹划，而不是偶发和随机的；内容是专门指向数学的，而不是综合内容的；形式是以集体活动方式，而不是小组或个别形式。它不仅能使全体幼儿接受一定的数学教育，而且也是幼儿园数学教育顺序性和系统性的保证。在幼儿园的数学教育中，它是向幼儿进行数学教育的主要活动形式和途径之一。

教师预定的数学教育活动是面向全体幼儿的活动，要求全班幼儿都要参与同一内容的数学活动，无论是全班幼儿同时参与活动，或是分组轮流参与同一活动，都要保证每个幼儿都能在教师指导下，在自身的探索、操作活动过程中，充分地感知、发现、操作，与客体相互作用，获得有关数学经验和初步的数理知识。在这种数学教育活动中，虽然教师是活动的指导者，教师的直接指导较多，但幼儿是活动中的主体，应在教师的启发引导下积极参与操作活动。这种活动形式保持了集体进行的一种特定的学习气氛，幼儿能彼此启发，互相交流，得到共同学习的乐趣和情绪体验，有利于形成集体学习的习惯，同时它又是个别的独立的感知、操作活动，幼儿在自己原有水平上，充分发挥自己的能力。

（二）幼儿自主选择的数学教育活动（非正式的数学教育活动）

幼儿自主选择的数学教育活动是指由教师为幼儿创设一个较为宽松和谐的环境，提供各种数学设备和丰富多样的学具、玩具，引发幼儿自发、自主、自由地进行数学活动。它可以是专为幼儿开设的数学活动室，让幼儿自由、自愿地选择材料与活动来操作摆弄，感知体验，也可以是教室里设置的数学角，投放一些供幼儿选择的学具、玩具让幼儿进行探索。

由于这类数学教育活动给予幼儿的自由度较大，随意性较强，它可以为不同发展水平的幼儿提供相应的活动内容和材料，因而它能使不同发展水平的幼儿在原有基础上获得较好的发展。幼儿参与什么数学活动、选择什么材料、运用什么方法进行探索，是个人独立操作还是与同伴共同活动以及在什么情况下终止活动等，都需要进行独立思考，自由选择，做出决定。这对于幼儿思维的器官——大脑，进行感知操作活动的双手以及独立的人格，都给予了极大的锻炼机会。

二、渗透的数学教育活动

渗透的数学教育活动，指除专门的数学教育活动以外的、渗透于其他教育活动和幼儿日常生活中的数学教育活动。渗透的数学教育活动，无论是内容还是组织方式都是十分丰富、灵活的，主要有以下途径：

（一）通过游戏对幼儿进行数学教育

游戏是幼儿最基本、最主要的活动，也是幼儿最喜爱的活动。把抽象的数学知识与生动活泼的游戏紧密结合起来，能够使幼儿自发地应用数学，获得有益的经验。如积木游戏包括空间关系、几何形体、测量等数学知识，同时又与分类、排序、数量的比较等相联系。幼儿在搭建的过程中，在游戏体验中能获得数、形的经验和知识。玩沙、玩水游戏是幼儿十分喜爱的游戏，幼儿通过各种形状的容器盛装沙和水，感知容量守恒。沙子和水混合后还可垒成多种立体模型，使幼儿感受不同的空间形式。在各种角色游戏中，更有大量学习数学的机会。如在商店游戏中，幼儿可以将商品分类摆放，并在买卖过程中学习数的加减运算；其他如抢椅子游戏、扑克牌游戏等，可使幼儿比较10以内数的多少、大小，学习数的组成、加减和序数等知识。在游戏中，幼儿能伴随愉快的情绪体验获得数、形的经验和知识，形成初步的数概念；在游戏中，幼儿可获得数学知识，并有机会自由地表现自己，表达自己的感受。例如，在娃娃家中，"妈妈"将餐具（勺、碗、筷子）等一一发给"孩子们"。在这个简单的游戏中，幼儿发展了一一对应的概念。

（二）通过各类教育活动对幼儿进行数学教育

只有在幼儿参与了大量的活动，使用了大量的材料，并经常讨论他们的观察和发现，才有可能掌握概念。各领域教育内容虽然研究对象不同，但都包含着一定的关于数量关系和空间形式的内容。因此，教师在完成各领域教育任务的同时，应有意识地渗透有关数学教育内容。例如，在绘画、泥工活动中，幼儿可以获得有关空间、形状、对称意识以及体积、重量等感性经验；在体育活动中，幼儿可以有更多的机会形成空间方位意识；在科学教育中，幼儿可以自然地运用测量、数数等方法发现物体之间的数量关系和空间关系，提高数学应用意识，发展分析问题、解决问题的能力；在艺术欣赏活动中，我们可以让幼儿欣赏自然界中蕴含数学美的物体，如花朵、蝴蝶、贝壳、蜂房、某类植物的叶子、向日葵花盘等，使幼儿感受排列形式上的秩序美与和谐美，感受数学魅力……通过各种活动进行数学教育。幼儿学习的方式和各自的爱好是不同的，教师应该设计各种活动，提供不同选择的机会，以满足不同幼儿的各种需要。例如，在进行分类的活动时，教师可提供各种不同颜色的小型积塑片、各种不同的积木、各种学习用具、各种餐具……，以满足不同幼儿的探索需要。

（三）通过激发幼儿的思维对幼儿进行数学教育

灌输式的教学是一种不经幼儿思考的教学，在这种教学情境下，幼儿不可能积极、主动地学习，不可能真正掌握数学知识，发展逻辑思维。因此，教师应该提倡启发式的教学，鼓励幼儿通过操作进行探索。在这个过程中，教师要设置各种问题情境，让幼儿进行思考，自己得出答案。例如，教师可设置"如何知道谁是最高的"这个问题情境，让幼儿进行思考。当幼儿运用挨个比较和测量的方法比较出全班最高的小朋友后，教师又引导幼儿思考怎样才能找出全幼儿园最高的小朋友，怎样才能找出全中国最高的小朋友，怎样才能找出全世界最高的小朋友，从而引导幼儿了解测量单位是怎么来的。

（四）通过学习简单的数学知识来解决生活中的实际问题对幼儿进行数学教育

我们可以从幼儿的生活实际出发，在现实的情境中引导幼儿运用数学知识，解决简单的实际问题，增强幼儿的数学应用意识和学习数学的信心。例如，我们可以给幼儿提供管理班级出勤的机会，让幼儿统计早上8点以前到园的小朋友有多少，8—9点到园的有多少，9点以后到园的有多少；自己来幼儿园的小朋友有多少，爸爸妈妈送来的有多少，爷爷奶奶送来的有多少；坐自行车来的小朋友有多少，坐汽车来的有多少；今天迟到的小朋友有多少，没有到的小朋友有多少……在此基础上，进一步统计9点以前到幼儿园的小朋友共多少，由大人送来的小朋友共多少，今天班里一共来了多少小朋友，等等。孩子过集体生日时，我们可以启发幼儿思考蛋糕应怎么切才能每人一份，怎样才能等分，使幼儿体验运用数学知识解决实际问题的乐趣，提高学习数学的主动性、积极性。

（五）通过激发幼儿的情感对幼儿进行数学教育

幼儿的情感极大地影响他们对数学的学习。应该通过提供幼儿可接受的、鼓励的、刺激的、可欣赏的环境，以此激发幼儿学习数学的兴趣，并使他们确信自己是有能力学好数学的，培养他们对数学的积极态度。例如，"这只杯子装的水多还是这只碗装的水多？"的问题引发了幼儿的兴趣，通过讨论得出答案后，又使他们确信数学是有趣的，他们喜欢数学，也能学好数学。

(六) 通过语言对幼儿进行数学教育

数学概念的内化和语言技能的发展是幼儿智力发展的两个重要方面。二者相互作用，相互促进。教师在教学中应该采用生动、简洁、正确的语言表达，同时也给幼儿用语言表达自己对数学概念的理解的机会。例如，当教师以生动、形象的语言配合具体的实物让幼儿知道什么是三角形以后，启发幼儿用"三角形有三条边、三个角"这样的语言来表达三角形的基本特征。

(七) 通过讨论对幼儿进行数学教育

幼儿通过操作，通过自己的探索，对数学中的某个问题有了一定的感受，急于想表达自己的想法。教师应该为幼儿提供机会，让他们有自由表达的机会，并和同伴一起讨论他们发现的问题。例如，当幼儿用小石头进行 8 的分解以后，教师可以让幼儿分几个小组讨论，让每个幼儿都能表达自己的感受，并能从同伴的想法中受到启发。

在幼儿园数学教育过程中，这八种途径不是决然分开的，而是互相交织、互相作用的。这八种途径合理、充分的运用，将使教师的教学更加生动活泼，幼儿的学习更加趣味盎然。

第二课 幼儿园数学教育的基本方法

教育方法是教育过程中教师和学生为实现教育目标和教育任务所采取的行为方式的总和。它是教育目标转化为幼儿发展的中介途径和重要媒介。教育方法运用得恰当与否，将直接关系教育任务的完成及教学效果的实现。因此，采用科学、合理、有效的教育方法，将有助于教育的最优化，有助于教育理想效应的达成。

幼儿的数学教育活动是在教师指导下有目的、有计划地进行的让幼儿主动学习的活动。在这种行为活动方式中，既包括教师教的方法，也包括幼儿学的方法，还包括教师幼儿行为活动的顺序。其间教师和幼儿的行为不是割裂孤立的，两者行为之间存在着一种有机的密切联系，体现出整体的统一。

下面具体介绍在幼儿园数学教育中常用的基本方法。

一、操作法

（一）操作法的含义及其分类

所谓操作法，是指提供给幼儿合适的材料、教具、环境，让幼儿在自己的摆弄、实践过程中进行探索，获得数学感性经验和逻辑知识的一种方法。

操作的方法有多种多样，按其性质可分为示范性操作、验证性操作、探索性操作、发散性操作；按其组织形式又可分为集体操作和个体操作。

操作方法可与分类、排序、比较、分合、计数、计量等内容有机结合，引导幼儿通过摸、画、剪、拼、排、贴、推、拉、投等操作活动，促进大脑积极思维，以利于提高幼儿学习数学的积极性，发挥每个幼儿不同的数学思维水平和潜力。如提供给幼儿各种材料（纽扣、花片等）进行计数活动；提供各种几何形状的塑片、积木等进行形体的认识、比较、拼搭活动；提供形状、颜色、大小不同的纽扣 8 粒，让幼儿进行操作，在摆弄中发现：有两个孔的红色纽扣 4 粒，四个孔的白色圆纽扣 3 粒，还有 1 粒最大的、方形的、没有孔的绿色纽扣，通过一一排放成一行，就能数出纽扣的数目，并且感知纽扣的总数与纽扣排放的位置没有关系。纽扣的排放方法有很多，可以排成横行、竖形或呈长方形、圆形等排列，还可以按大小、形状、颜色等不同规律来排放……从中幼儿能获得分类、排序、计数、辨数、辨形、数的守恒等数学知识和能力。

（二）运用操作法应注意的问题

1. 明确操作顺序

凡是要教给幼儿的有关数学知识都应尽可能地转化为可直接操作材料的活动。在运用操作法的过程中，教师必须注意运用此方法的顺序：可以先让幼儿在动手操作中，通过对材料的运用，发现问题，初步体验到某概念的内涵或运算规律，然后再让幼儿用语言表述动作的结果，启发幼儿形成头脑中的形象，最后再由教师引导幼儿讨论操作结果，帮助幼儿概括出数学语言。这一过程是感知到的知识、经验系统化、符号化的过程。虽然不同类型的操作对幼儿思维训练的作用是各不相同的,但操作的意义在于激发幼儿学习的兴趣及促进思维的发展。因此,教师在运用操作法的过程中,要注意防止仅重视验证性操作,而忽视探索性操作和发散性操作,避免仅重视操作的结果,而忽视操作的过程的现象。

2. 创设操作条件

教师应为幼儿的操作活动创设合适的环境、提供必要的条件。其中包括:

(1) 为每个幼儿提供一份操作材料,可以选择、利用自然物或者价廉的实物,如小冰棍儿、瓶盖、纽扣、积木、曲别针、废纸盒等;亦可发动幼儿自己动手制作一些简单的材料,以便做到每个幼儿都保证有足够的操作材料。

(2) 给予幼儿充分的操作空间和时间。为了使操作达到预期的目的,教师必须为幼儿提供可供操作的、合适的场地及足够幼儿摆弄物体并思考、探索的时间,只有这样才能充分发挥操作及其材料在学习数学及发展幼儿初步数学概念方面的作用,才能避免走过场,流于形式。

(3) 允许幼儿有同伴间的交流机会。在操作活动中让幼儿与同伴间有相互交流、讨论的机会,有助于幼儿通过思考而不是通过接受来获得对知识的理解,并且有利于幼儿养成自学、互学的良好习惯。

3. 交代操作规则

在正式的数学教育活动中运用操作法,教师可以在幼儿动手操作之前,先向幼儿说明操作的目的、要求及具体的操作方法。特别是在幼小幼儿缺乏操作经验及幼儿在使用新的操作材料或工具时,教师应通过适当的讲解,交代具体的要求和方法,然后让幼儿进行操作。通过操作,起到巩固和加深体验的作用,以保障幼儿的操作具有一定的方向性,减少盲目性、随意性。另外,操作规则除了说明操作的要求、步骤和方法外,还应注意反映出有关数学概念的属性或运算规律。例如,按某种属性区分集合转为具体的操作规则就是"把形状相同的图片放在一起"。让幼儿体验加法交换律、加减互逆性、用三个数摆出四道题,这些规则就包含了交换和互逆的含义。

4. 评价操作结果

幼儿通过操作所获得的知识是粗浅的、零碎的,需要教师的归纳和评价。

因此，教师要重视对幼儿操作过程的归纳、评价，帮助幼儿形成比较完整的、正确的数学概念。此外，教师还必须重视对个别幼儿的操作进行评价，对幼儿在操作中所表现出来的合理性、新颖性和创造性给予充分的肯定，以引起幼儿进一步学习和探索的积极性。

5. 体现年龄差异

各个年龄班在运用操作法的过程中应根据幼儿的实际水平和年龄特点有所区别。如小班幼儿不仅应提供人手一份的操作材料，且要求动手、摆弄的可多些；而大班幼儿则可提供书面一类的操作材料，粘贴、涂色、记录一类的操作可多些，且可以安排小组一份操作材料，培养孩子的协作能力。

6. 与其他方法有机结合

操作方法在幼儿理解建构数学概念过程中的作用是独特而明显的，但它并不是唯一可行有效的方法，它的优势也要在与其他方法有机结合、互相配合下方能显示出来。因此，强调数学教育中发挥操作法作用的同时，也要考虑它与其他多种方法有效结合（如讨论法等），每一种教学方法的长处得到充分的体现和发挥，共同促进幼儿数概念和数思维的发展。

二、游戏法

（一）游戏法的含义

游戏法是根据幼儿好动的天性和具体、形象的思维特点，将抽象的数学知识寓于幼儿感兴趣的游戏中，让幼儿在自由自在、无拘无束的各种游戏活动中学习数学的一种方法。它是幼儿学习数学中的一种十分重要的途径和方法。它更有利于调动幼儿学习的积极性，激发幼儿的学习兴趣，体现出幼儿学习特点和身心发展的和谐。

幼儿园数学教育中的游戏是一种运用于数学中有规则的游戏，是在教学过程中用以完成一定教学任务的游戏。游戏中有一定的规则和动作，教师可以将要求幼儿掌握的初步数学知识和技能，渗透到规则和动作中去，使幼儿在操作游戏规则和动作的过程中引起观察比较、分析综合、抽象概括以至于判断推理等思维活动，从而使游戏成为幼儿获得数学知识和发展思维的有效方法。

（二）游戏法的种类

1. 操作性数学游戏

这类游戏是指幼儿通过操作玩具或实物材料，从而获得数学知识的一种游戏，它也有一定的游戏规则。如小班幼儿学习分类时做的"图形宝宝找家"操作游戏，即安排三个动物玩具，分别贴上△、▽、□的标记，让幼儿把"图形宝宝"送到相应特征的玩具动物"家"里去。又如大幼儿学习"组成"时的"球盒"操作游戏，都是通过具体的实物操作，通过一定的游戏规则来学习初步的数学知识。

2. 情节性数学游戏

这类游戏具有一定的游戏情节、内容和角色，特别适合于年龄小的幼儿。通过游戏情节的安排来体现所要学习的数学知识。如为小班幼儿学习"1"和"许多"而设计的"猫抓小鱼"的游戏，教师、幼儿分别扮演一个"猫妈妈"和许多"小猫"，"猫妈妈"以游戏的口吻要求"小猫"们去抓鱼，要求每个"小猫"去抓1条鱼，1条、1条鱼合并成"许多鱼"……在这一系列情节中渗透了"1"和"许多"的数学概念。这类游戏一般以一个主题贯穿整个游戏，注意情节的安排有助于幼儿更熟练地掌握数学初步知识，有力促进幼儿观察力、想象力和思维能力的发展。游戏的过程不宜太新奇，规则不易太复杂，以免分散幼儿的注意力。

3. 竞赛性数学游戏

带有竞赛性质的数学游戏更适合于中、大班的幼儿，不仅能满足幼儿的竞赛好胜心理，而且有助于对知识的巩固和培养，发展幼儿思维的敏捷性和灵活性。

4. 运动性数学游戏

这类游戏是指寓数学概念或知识于体育活动之中的游戏。例如，大班幼儿学习数的组成，通过掷飞镖、投沙包等运动性游戏来记录总数中不同的投掷结果（如5个飞镖，投中3个，未投中2个……），再根据对投掷结果的归纳来学习数的组成。这类游戏既满足了幼儿的好动天性，又渗透了数学的初步概念。

5. 运用各种感官的数学游戏

这类游戏主要强调通过不同的感官进行数学学习，强调幼儿对数、形知识的充分感知。例如，在幼儿学习认数的过程中，可以让幼儿通过看看、听听、摸摸等活动多方面理解数的实际意义。在学习认识、区别几何图形中，可以用"奇妙的口袋"游戏通过触摸来感知、区别图形的不同特征。

6. 数学智力游戏

这是一种运用数学知识以促进幼儿智力发展为主的游戏。数学智力游戏能极大地调动幼儿思维的积极性，培养其思维的灵活性、敏捷性、独创性以及综合运用数学知识解决问题的能力。

三、讨论法

（一）讨论法的含义及其分类

语言是思维的工具。在数学教育中，讨论是引导幼儿有目的、探讨性地主动学习数学的一种重要方法，它是一种多边的活动过程，可以是教师与幼儿，也可以是幼儿与幼儿间的讨论，它能够起到互相交流、互相启发、共同探究的作用，进而促进分析、归纳，有利于幼儿初步数概念的形成及思维的发展。

从讨论的时机来分，可分为随机性讨论和有计划的讨论。前者是指根据教学的进展情况和幼儿的反馈随时开展的讨论。这种讨论针对性强，有利于帮助幼儿解决学习过程中的障碍；后者是指教师针对某一问题有目的有计划地组织幼儿开展的讨论，一般在操作以后进行，可以引导幼儿对数的各种体验进行整理，帮助幼儿对某一问题进行分析归纳。

从讨论的功能来分，可以分为辨别性讨论（目的在于通过讨论学会比较和积极思考）、修正性讨论（目的在于通过讨论认识操作中的错误，发现问题，提出修正办法）、交流性讨论（目的在于通过讨论获得多种答案，注重求异丰富知识经验）和归纳性讨论（目的在于帮助幼儿归纳操作中的体验，使之条理化、概念化），等等。

（二）运用讨论法应注意的问题

1. 以操作体验作为讨论的基础

对幼儿来说，在开展讨论前必须具有一定的知识经验和心理准备。因为讨论往往是伴随着操作活动而展开的，所以操作体验应是讨论的基础，幼儿有了一定的感性认识，才能对要讨论的内容做出积极的反应，才能接受讨论的最终结果。比如，要让幼儿通过讨论来掌握数的组成的规律，就必须在幼儿有了关于数组成的操作经验，对数组成的关系有所体验的情况下进行。在教学中，应力求避免那种毫无准备，只要求形式、不求实效的讨论。

2. 注重讨论的过程

幼儿数学学习的重点不在于传授知识，而在于促进思维的发展。因此，讨论的过程比讨论的结果更为重要。要鼓励幼儿积极参与讨论、开动脑筋、促进思维能力的发展，才是讨论的目的所在。在讨论过程中，教师要注意倾听幼儿的操作体验，观察分析幼儿在讨论中的反应，了解幼儿的思维形式和思维活动的过程，鼓励幼儿积极发表自己的看法，引导他们自己得出结论。

3. 体现因人而异、因材施教

作为每一个个体，幼儿的发展水平和能力是各不相同的，有些能力较弱的幼儿往往很少参与讨论，作为教师，要以记者的身份鼓励他们积极参与，给幼儿更多自由讨论的空间、时间，在宽松自由、无拘无束的讨论环境中帮助幼儿克服自卑感、紧张感，树立起自信心，大胆地说出自己的意见，也可以从简单问题引入讨论，当幼儿有了一定的基础之后，再渐渐提高问题的难度。

四、比较法

比较法是幼儿园数学教育中被普遍采用的一种教育方法。比较是思维的一个过程，是通过对两个或两个以上物体的比较，让幼儿找出它们在数、量、形等方面的相同和不同。如比较两根绸带的长短，比较三个相邻数间的大小等。在比较的过程中，幼儿首先要在比较的两个（或两个以上）对象间建立起联系，才能做出正确判断。因此，比较的过程也促进了幼儿的思维发展。

所以，比较法是幼儿园数学教育中比较重要的方法之一。

按比较的性质来分，可以分为简单的比较和复杂的比较。简单的比较是指对两个（组）物体的数或量的比较。例如，小、中、大三团橡皮泥比较，可以先进行两两比较，再帮助幼儿理解这种比较的结果之间的相对性和传递性的关系。

按比较的排列形式来分，可以分为对应比较和非对应比较两种。

对应比较是把两组物体一一对应加以比较。具体分为三种：

（1）重叠式——把一个（组）物体重叠在另一个（组）物体上，形成两个（组）物体元素之间一一对应的关系进行量或数的比较，如将4个盘子一一重叠盖在4只杯子上，比较它们的相同和不同。

（2）并放式——把一个（组）物体并放在另一个（组）物体的下面（上面、左面或右面），形成两个（组）物体元素之间一一对应的关系进行量或数的比较。如4朵红花一一并放在4朵黄花的下面进行比较。

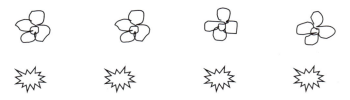

（3）连线式——将图片上面的物体（箭头图标）和有关的物体、形状或数字等，用线连接起来比较。

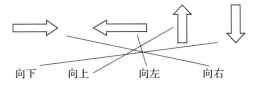

非对应比较也可以分为三种形式：

（1）单排比较：将物体排成一排或一行进行比较。

（2）双排比较：将物体排成双排进行比较。

（3）不同排列形式的比较：将一组物体作不同形式的排列，进行数量比较。

五、发现法

发现法是在教育过程中，教师不把数学的初步知识和概念直接向幼儿讲解，而是引导幼儿依靠已有的数学知识和经验，去发现和探索并获得初步的数学知识的一种方法。这种方法能够充分调动幼儿学习的积极性和主动性，培养幼儿数学学习的自主探索精神及独立解决问题的能力。

运用发现法的前提是教师必须为幼儿的主动探索和发现创设一个合适的环境，能让幼儿在一定的材料中操作、发现、讨论、验证，从而学到概念与技能。让幼儿在轻松、自由、充分享有空间、时间的环境中，自信地、主动地尝试，发现问题，进而解决问题。

一般运用发现法组织教学，可分为五个阶段：

（1）准备阶段——正式进入发现过程首先让幼儿明确探索的目标、意义、途径、方法，并做好物质和精神的准备。

（2）初探阶段——根据教师提出的目标和途径，幼儿通过操作或观察，主动概括出原理、概念，探求问题的答案。它是发现过程的主要环节，也是幼儿获得知识的基础。

（3）交流与再探阶段——引导幼儿通过讨论、再次操作探讨。

（4）总结阶段——把探索中获得的知识、结论加以归纳整理，使知识系统化。

（5）运用阶段——通过一系列的口头或书面练习，使幼儿初步获得知识迁移的能力。

六、讲解演示法

讲解演示法是教师通过运用语言和直观教具，把抽象数、量、形等知识加以说明和解释，具体地呈现出来的一种教学方法。它是讲解与演示相结合的方法。因为抽象的数概念是不易对幼儿仅仅用口头讲解的，而且演示本身也离不开成人口头语言的讲解。例如，教师边演示贴绒教具小兔边讲解："草地上有3只小兔,又跑来了1只,3只小兔添上1只小兔是几只小兔呢?"3添1是几?在这一过程中,幼儿直观地感受到形成的概念。可见,讲解演示法能通过教师的语言和直观教具的演示,讲清楚基本数学知识,引导幼儿分析、概括。对于幼儿在学习一些不易理解的新内容和某个难点内容时,适当的讲解演示,可以帮助幼儿克服困难、引导思路,使幼儿获得科学的、系统的知识和分析推理的方法。但是,这种方法是以教师为中心的,幼儿往往是被动的,所以我们应审慎地加以对待。长期下去,不管教学内容及教学对象的年龄和水平,均以讲解演示为主,灌输知识,使幼儿往往停留在机械模仿和结论的记忆上。这显然与《纲要》中所倡导的幼儿整体的发展观与幼儿园数学教育本身促进思维发展的宗旨是不符的。我们应有选择地、有针对性地运用演示讲解法,并注意以下几点:

第一,必须突出讲解的重点,且语言要简练、准确、形象、通俗。

第二,演示的教具要直观、美观、大些,但不宜用太新奇的教具分散幼儿的注意力。

第三,讲解演示法可与操作法、发现法等结合使用。

学练结合:

1. 结合第一单元中"幼儿园数学教学的内容",试着划分一下小、中、大班教学内容适用于哪些教学方法。

2. 六种方法各举一例,试讲。

幼儿园数学教育活动的设计与实施

1. 内容提要

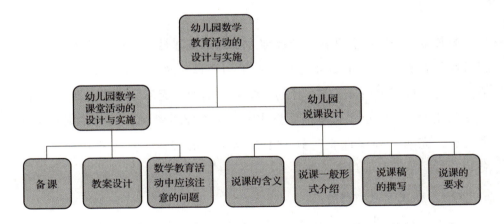

2. 教学基本要求

熟悉课堂教学活动的主要环节；掌握课程设计的基本方法。

第一课　幼儿园数学课堂活动的设计与实施

从目前幼儿园数学教育实施的情况看，数学课堂还是幼儿园数学教育的主要途径。因此，研究和把握数学课堂活动的设计和实施，是每一位教师应有的基本能力。

数学课堂活动的类型有认知理解型、操作游戏型和探究发现型。

认知理解型课堂的主要目的是理解有关数学概念，掌握相应的技能。如"什么是长方形""什么叫相邻数""认识时钟"等。

操作游戏型课堂的主要目的是运用已有经验，练习巩固数学知识，提高学习数学的兴趣。如"找座位""数字接龙""比高矮""几何形体分类"等。

探究发现型课堂的主要目的是根据目标解决实际问题。如"等分图形""对称图形"等。

下面以"认知理解型"数学课堂教学为例，来说明其课堂活动设计与实施的过程。

数学课堂的设计和实施涉及的工作主要有备课、教案设计、上课、听注意事项等几个环节。

一、备课

教师上课前的所有准备工作统称为备课。备课是上好课的前提与基础，是提高教育教学质量的重要保证。对于预成课程来说，课前多一份准备，就多一份把握，少一分失败。任何一堂成功的课，无不凝结着教师的心血。教学无止境，备课也无止境，要想成为一名合格的教师，成为一名合格的研究者，完成"知识课堂"到"生命课堂"的转换，真正的功夫就在于备课。

（一）认真学习《纲要》

领会《纲要》精神。《纲要》是教育部颁发的指导幼儿园教育活动的纲领性文件，是教师进行教育活动的依据。幼儿园教师应该深入领会《纲要》所蕴含的基本精神和教育理念，特别是《纲要》中"科学教育"部分中有关"数学教育"的教育理念及教育要求。只有教师科学、客观地把握其精神实质，才能使之成为指导幼儿园数学教育实践的强大力量。

（二）钻研教材

（1）分析教材，研究教材，对教材的基本结构、基本思想、基本内容和基本概念要一清二楚，将教材的基本内容转化为自己的认知结构，并在自己所设计的教案中展示自己对教学内容的独特理解。

（2）掌握教材中知识的呈现特点。每一门学科都有其特定的研究对象，教材则是该研究对象研究结果的体现，弄清楚教材的特点及知识呈现的方式，有助于把握该学科的特点及其价值，从而更好地实现该学科对于促进幼儿发展所具有的独特作用。例如，数学教育涉及数、量、形、时、空等多方面知识，每一内容又各具特点，如数的内容具有抽象性的特点；量的内容具有多样性、比较性强的特点；几何形体的内容具有直观性、可感知的特点；时空的内容具有生活性特点，等等。这就要求教师在教学时抓住这些特点，挖掘各自教育价值，采用适合各个教育内容的教育方式进行教育教学。

（3）抓住重点，分散难点。教材中的重点，对于幼儿而言，该内容是幼儿必须掌握的、对幼儿发展有重要意义的内容，且是教学活动中占时最长的主要内容。教学中只有突出重点，才能抓住教学主线，更好地实现教学所确定的目标。教学难点是指那些幼儿难以理解的知识或技能。难点可能来源于教材，抽象的、复杂的、容易混淆的或容易发生误解的知识；难点也可能来源于幼儿，由于幼儿的知识基础、生活经验、理解能力的差别，也会使幼儿产生认知上的困难，从而形成教学难点。重点、难点并不是互不相关的，有时是可以出现双重身份或多重身份的。比如，小班"1和许多"的教学目的：理解"1"和"许多"之间的关系。即1个1个……合起来是许多，许多可以分成1个1个……，既是教学重点又是教学难点。

（三）了解幼儿

备课的关键是备幼儿，以达到既定的教学目标。备幼儿应做到三点：

（1）了解幼儿的兴趣，特别是幼儿当前的兴趣。幼儿对数学学习的兴趣是教师开展数学教学的立足点，也是幼儿学习数学的直接动力。只有全面地、科学地了解分析幼儿兴趣，才能避免完全以幼儿兴趣为中心和完全无视幼儿兴趣的道路。

（2）了解幼儿的数学经验。幼儿数学知识的学习是新、旧知识观建立联系的一个过程，是在旧的数学经验的基础上建立新的数学经验的过程。因此，在教学之前，教师应通过各种途径，了解幼儿已有哪些数学经验，这些经验幼儿掌握到什么程度，对即将学习的数学知识会产生什么样的影响等。

(3) 了解幼儿的数学能力。幼儿学习数学需要以一定的数学能力为基础，因此，了解幼儿的数学能力是教师备课的重要内容。教师应该了解的幼儿的数学能力主要包括数学的感知能力、数学的探索能力、数学的交流能力、解决数学问题的能力、数学的推理能力等。

（四）研究教学方法

在钻研《纲要》、教材和了解学生全面情况的基础上，如何使教材中的知识内容转化成幼儿内在的认知结构，就要对教材进行教学方法加工。要选择达到教学目标的最恰当而有效的教学方法，这直接关系课堂教学效果。根据所教内容和幼儿实际选用教学方法。

（五）活动准备

数学教学活动准备一般包括两个方面：

（1）知识经验的准备。即了解幼儿对将要进行的学习活动掌握哪些知识，具备哪些能力。如在学习序数时，必须以基数为基础；认知"左右"时，必须先掌握了前后、上下的方位。

（2）教具、学具的准备。教具和学具是教师进行直观教学的工具。它可以使抽象的数学问题具体化和形象化，帮助幼儿理解抽象的数学知识；同时也有助于培养幼儿的注意力、观察力、抽象概括能力和空间观念。因此教师要十分重视教具和学具的使用，在备课时要考虑教具和学具的准备。按具体化水平，幼儿数学教学中运用的教具、学具有以下两种：一种是实物教具、学具准备，如各种生活用品、各种自然事物、废旧物品等；另一种是挂图、图片、卡片和幻灯片、视频等。

教师选择运用教具、学具时应注意以下问题：

（1）教具、学具的选择要有助于幼儿对数学概念的学习和掌握，有利于幼儿思维能力的发展，要形象鲜明、大小适中、所有幼儿都能看清，不要太新奇，以免分散注意力。教具应尽可能具有多种用途，充分发挥教具、学具的价值。

（2）选制、运用教学用具时，要考虑不同年龄班幼儿的认知特点。小班应多使用实物、玩具等直观性的形象材料。中、大班除实物教具外，还可以用一些实物图片或卡片。实物图片已经不是某个具体实物，而是同类实物特征的概括，并将立体物体变成平面的图形，这类教具、学具对发展幼儿的思维有着积极的作用。

综合考虑以上五方面因素，才能写出指导自己教学、切实可行的教案，达到备课的真正目的。概括如下：

备课 ｛
（1）学习《纲要》及《3—6岁儿童学习与发展指南》。
（2）钻研教材。
（3）了解幼儿。
（4）研究教学方法。
（5）准备教具、学具。

二、教案设计

教案是教师备课的结晶。教师通过钻研教材、了解幼儿、选择教学方法等工作，所形成的对一堂课的教学设想的文字表达形式，就是教案。教案是课堂上的备忘录、课后的反思簿。写教案的过程实际上就是教师钻研业务的过程，也是不断总结经验教训的过程。完整的教案设计一般包括：活动名称、活动目标、活动重点、活动难点、活动准备、活动过程、延伸活动等部分。有的教案还加有设计意图、活动建议等步骤，可根据具体情况而定，不要求每个教案都有这样的内容。

（一）活动名称

活动名称，就是给活动起一个贴切的名字，如"认识三角形""认识5以内序数"。一般来说活动名称有两种起法，一种是按数学活动的要求，用数学术语定名称；另一种是按活动内容或选择的材料，用生活中的语言定名称，如"找朋友""小熊请客"。第一种命名虽然不太儿童化，缺乏生活气息，但能让读者马上知道本节课所讲的核心内容；第二种命名贴近幼儿生活，符合幼儿特点，但读者不知道本节课核心内容是什么。最好的方法是活动名称要两种命名形式一起用，如"找朋友"（认识5以内的序数）。

一般来说，正规的教案要求两个名称都要写。

（二）活动目标

活动目标是活动的出发点和归宿，是指数学活动中所要达到的具体教育效果。只有教学目标明确，教学才能抓住主要矛盾，突出重点，做到有的放矢。教学目标是教学活动预期达到的结果，主要描述幼儿通过学习活动后可能产生的行为变化。它表现为对幼儿学习成果及终结行为的具体描述。由于《纲要》把教学目标细化为数学经验和知识、数学技能和能力、数学情感和态度等三方面的内容，活动目标应该包括：①知识概念；②认知和操作技能；③兴趣态度和行为习惯。例如，复习9的组成，知道9可以分成8和1、2和7等几种分法（知识），启发幼儿初步感知数分合的有序性（技能），引导幼儿积极参与评议活动，大胆发表自己的意见（情感）。

幼儿数学目标的表述方式有两种：一种是以教师作为行为主体，用教师的行为变化来表述；另一种是以幼儿作为行为主体，用幼儿的行为变化来表述。用教师的行为为主体来表述，常用的词语有"使幼儿……""引导幼儿……""教育幼儿……""启发幼儿……""培养幼儿……"等。用幼儿的行为作为行为主体来表述，常用的词语有"会……""学会……""知道……""懂得……""体验……""认识……""能够……"等。不管用哪一种方式表述，其表述的行为主体应该一致，不要混用。例如，大班数学，10以内的加减法的教学目标：

（1）能通过结账这一活动进行10以内的加减运算，并初步感知钱币的换算关系。

（2）能将自己购买的实物用绘画或文字的形式记录在表格内。

（3）学习做文明顾客，爱惜商品，轻拿轻放。

（三）活动重点、难点

所谓的教学重点，是指教材的主要部分。它是一个相对性的概念。如数概念的形成是整个幼儿阶段的重点，而"认识5以内的序数"这一节课，知道序数的含义便是教学重点。

所谓难点，是指那些难以被幼儿理解并掌握或者容易引起混淆或错误的内容。如"认识1和许多"，1个1个物体合起来就是许多，就是教学难点。

重点、难点并不是互不相关的，有时是可以出现双重身份或多重身份的。如前面讲到的例子"1 和许多"，1 个 1 个物体合起来就是许多，既是教学重点也是教学难点。

（四）活动准备

把教学中需要准备的教具、学具及环境布置、创设情境等，如实写在教案上。

（五）活动过程

幼儿园数学活动课可分准备课、新授课、练习课、复习课、检查测验课、作业讲评课，新授课是以传授新的数学知识或经验为主的课型，下面以"认知理解型"数学课堂教学为例说明活动过程。

1. 导入新课

幼儿园教学导入语如果说得好，能使整个教学有良好的开端、良好的持续，能够引起幼儿活动的兴趣。可以说，导入语说得好，能使教学成功一半。下面介绍幼儿园数学教育活动中常用的几种导入新课的方法。

1）直入式

开门见山直接导入新课内容，用语简短。如小班数学《分类》：小朋友，看看今天老师给你们带来了什么好玩的？看看它们之间有什么不同呢？（形状）在我们周围的环境中，还有什么东西是圆形的？什么东西是三角形的？

2）谈话式

教师与幼儿在交谈中不知不觉地渗透新课内容，进而又自然而然地引入课题。如中班数学《认识 5 以内的序数》中的谈话导入，激发幼儿的活动兴趣。

师：小朋友们，告诉你们一个好消息，森林里的小动物要搬新房子啦！它们还请小朋友们帮忙搬家呢！你们想去吗？

3）谜语式

通过猜谜语能够概括事物的主要特征，帮助幼儿理解新课内容，启发幼儿的学习兴趣。如大班数学《分清左右》，教师说谜语导入活动：一棵小树五个杈，不长树叶不开花。从早到晚不讲话，写字画画不离它。谜底是手，进而在活动中引导幼儿分清左右手。

4）故事式

以故事的形式导入新课，能吸引幼儿的注意力，调动幼儿的学习积极性，如小班数学《认识三角形》的故事导入：今天是小白兔的生日，早晨小白兔高高兴兴地从家里出来，它要去采蘑菇，走着走着它看到一个大萝卜，小白兔捡起大萝卜继续往前走，走到蘑菇地里采了一个大蘑菇高兴地回家了。

5）情境式

利用情境式导入新课内容，可激发幼儿的学习兴趣和求知欲望。如小班数学《1和许多》的导入新课：教师以变魔术的形式，先请幼儿摸一摸、猜一猜，口袋里装的是什么，发展幼儿的触摸觉和思维能力。请幼儿猜一猜，口袋里有多少糖果（许多）？让全体幼儿打开口袋口看一看，检验自己说得对不对。

6）游戏式

以游戏的形式导入新课，能调动幼儿的积极性，活跃课堂气氛，如小班数学《比较物体的大小》，游戏"吹泡泡"：教师带领幼儿玩"吹泡泡"的游戏，教师吹出许多大小不一样的、很好看的泡泡。边吹边让幼儿仔细观察，泡泡的大小一样不一样。

2. 进行新课

这是新授课的中心环节，教师要根据知识的内在联系及幼儿的认知规律，采用各种有效的教学方法，通过谈话、直观演示、实验操作等方法，逐步使幼儿把握重点，突破难点，形成概念或经验。进行新课时，教学一般要分几个层次，每个层次都由易到难，层层递进，这个阶段要注意让幼儿通过自己的活动（即数学活动组织形式）来获取知识。

幼儿园数学活动有以下基本组织形式：

1）集体活动形式

这是教师组织和指导全班幼儿进行学习的活动形式。这种形式目前在幼儿园仍然是一种不可缺少的组织形式，因为它可以比较集中地实现教学目标，也能培养幼儿较好地遵守规则，培养一定的自制力，并让幼儿体验到集体活动和游戏的快乐。

集体活动形式的主要问题是教学目标整齐划一，忽视幼儿在发展上的个体差异。

2）小组活动形式

在教师指导下，幼儿独立地选择活动内容，是一种有目的、有计划的学习活动形式。数学小组活动可以是同一内容，即每一小组的学习内容是相同的，但由于幼儿发展水平的差异，数学小组活动也可以是不同的内容、不同的层次，这种安排使幼儿有充分的机会选择与自己发展水平相应的材料进行学习，在此过程中，幼儿之间也有更多的交往和学习。

3）集体与小组结合的活动形式

一般有以下两种形式：第一，先进行集体活动，再进行小组活动；第二，先进行小组活动，再进行集体活动。在数学教育中，有些内容可以让幼儿先进行尝试、探索获得经验，在此基础上教师可启发幼儿讲讲自己活动的过程和结果，教师应该鼓励幼儿运用不同的策略解决问题。

3. 巩固练习

通过游戏、实验、体验等活动，巩固幼儿在"进行新课"中所学习的知识经验，并要把幼儿的困惑、疑难之处诱发出来，及时公开加以解决。

4. 师生小结

当活动达到一定目标，幼儿活动也达到一定高潮时，可以考虑结束活动，教师可以采取多种方式结束活动，如简单的小结、传递某些幼儿不可能通过自己探索得到的知识等，总结本节课中幼儿的表现，对幼儿表现出的对数学的兴趣、做事坚持性、助人为乐等优秀的品质给予表扬。

（六）延伸活动

延伸活动是指将本活动的内容自然地延伸到后面的活动中去，使前后内容紧密联系起来，并不是一节课的结束而是另一节课的开始。这样，不仅使幼儿已获得的数学经验在后面的活动中得到巩固和强化，同时前一活动所获得的经验，也将成为进行后一个活动的基础和准备。让幼儿继续保持对本节课所学习内容的兴趣，在课余时间鼓励幼儿在数学活动角、回到家中或其他地方继续活动，并提出一些新问题，让幼儿思考、探索。

教案的一般格式：

授课科目：	授课班级：	设计教师：
活动名称：		
活动目标：		
活动重点：（突出活动目标中的"情感目标"，不以掌握知识为重心，可以不设重点）		
活动难点：（突出活动目标中的"情感目标"，不以掌握知识为重心，可以不设难点）		
活动准备：1. 知识准备（选填）。 　　　　　2. 物质准备（必填）。		
活动过程： 一、开始部分。 二、基本部分：$\begin{cases}第一层次：\\第二层次：\\第三层次：\\……\end{cases}$ 三、结束部分：$\begin{cases}1.\\2.\\……\\×. 师生小结。\end{cases}$ 四、活动延伸：		

三、数学教育活动中应该注意的问题

上课时教师把备课的结果转化为实际教学活动的过程，是实现幼儿数学教育目标的重要途径。只有在有目的、有组织的教学中，幼儿获得的经验才能得到整理和概括，并形成基本的数学概念，获得数学思维能力的发展。因此，数学教育活动中教师应该注意以下问题：

（1）教师应通过创设问题情境，运用各种方式、方法引起幼儿学习的兴趣，使幼儿主动积极地进行学习。

（2）在幼儿操作学习过程中，教师要给予他们足够的时间和空间，让其充分尝试和探索，寻求解决问题的办法，并感受和发现其中的数学关系。

（3）对于幼儿在生活中获得的经验，教师应帮助他们归纳、整理，使其系统化。

第二课　幼儿园说课设计

幼儿园说课，是现在幼儿教育改革的新课题，它不仅可以增强教师设计和组织教育活动的自主性、目的性，还可以帮助教师进一步理解教育活动诸因素间的关系，提高自身的整体素质。

一、说课的含义

说课的内涵没有统一的界定。就广义的来说，说课就是授课教师在备课基础上，以教育理论、教学大纲、教材为依据，针对某一课题（活动）的自身特点，结合教育对象的实际情况，以口头语言的形式，系统地向同行或专家介绍自己的教学设想和授课理论依据，以达到相互交流、共同提高的一种教研形式。说课是深层次的教研活动，是教师将教学构想转化为教学活动之前的一种课前预演，备课是说课的基础，说课是备课的发展。

说课就是要说清教什么、怎么教、为什么这样教。在"说"的过程中，不仅要求教师将书面的教学方案说出来，更要求教师将隐含于教学方案后面的设计思想、教育理念、具体依据说出来，强调的是要说出教师为什么这么设计问题。

说课的目的就是要通过"说课"这一简易、速成的形式或手段来在短时间内集思广益，检验和提高教师的教学能力、教研能力，从而优化活动过程，提高活动效率。

二、说课一般形式介绍

说课稿并没有统一的某种形式，目前人们最常用的是"八要素"说法，即说教材、说幼儿、说目标、说教法、说学法、说准备、说过程、说延伸活动。至于选择哪几个要素，主要根据说课的实际需要和所要展示的主要内容来确定。这种形式有明显的条理性，能力求使组成教学的各个要素展示出来，但要避免出现重复和隔离现象。如"说过程"必然涉及教法和学法，如果分别说，则往往会重复出现。又如"说目标"，要求说出目标确定的依据——幼儿、教材等，如果把说目标与说幼儿、说教材分开来，则常常会使有机联系的三部分内容出现隔离。

三、说课稿的撰写

幼儿园说课方案是按照说课内容的内在逻辑来撰写的。

（一）说教材

教材内容就是通过分析所选活动主题的内容特点，指明它在整体或主题网络教学中的地位。所以教师首先必须说清楚此次活动的内容是什么及为什么要选择这些内容。要说明教材选择是从当时、当地幼儿群体的需要而准备的，如果在选材方面涉及地域特色，甚至是幼儿园特色就要更加突出说明，以此来发展幼儿园的本园课程。活动内容和教材不是同一概念，活动内容应包含教材，但不局限于教材，幼儿园里的说教材不单指说教材内容，还包括说幼儿的情况分析、说教学目标、说活动准备。因此，在说明活动内容时，必须说清楚教材及与教材有关的内容。

（二）说幼儿

数学教学活动设计的核心理念——以幼儿为本，幼儿教育的终极目标是促进幼儿全面、真实地发展，因此教育者在设置课程、设计活动（幼儿园所有活动）时应本着以幼儿为本的思想。

说幼儿现状主要包括幼儿的年龄特点、身心发展状况，幼儿原有知识和基础技能的掌握情况、智力的发展情况；幼儿的非智力因素，包括幼儿的兴趣、动机、行为习惯、意志等发展状况。这一环节，教师要将平时对幼儿观察的零散印象逐步条理化、明晰化，有针对性地表述出来，既能更清楚地了解幼儿，又能使教师将幼儿发展水平与教学活动设计的关系紧密联系起来去考虑目标、内容的确定与选择，从而逐步真正做到使教育活动有效促进幼儿的发展。

（三）说目标

教育目标是活动设计的重要环节，它既是教育活动设计的起点，又是教育活动设计的终点。说教育目标时要先说主题目标，再说本次活动目标，主要从情感、态度、能力、知识、技能等方面综合地表达出来，并能体现主题的教育要求，最后说确立此目标的依据。同时在这部分还要针对活动谈谈自己对重点、难点的确定和解决，并展示自己设计的课件，说明课件是怎样起到突出本次活动重点、降低难度、突破难点作用的。

（四）说教法

教学方法是教师有效地传递信息、指导幼儿的途径，说教法主要说明在本次活动中将采用的教学方法和运用的教学手段，以及这样做的原因，要着重说明自己在其中独创的做法，特别是培养幼儿创新精神和实践能力的具体做法。说教法时要注意根据教材的特点、幼儿的实际、教师的特长以及教学设备情况等，来说明选择某种方法或手段的依据。

说教法就是教师要说明"怎样教""为什么要这样教"的环节。教师要说出在教育目标、教学内容确定之后，用什么方法、手段来实现。既要说出整个活动用什么教学形式及方法，是集体的、分组的还是个别进行的，又要说清为什么用这种形式和方法、教师如何指导、为什么要这么指导等。教学方法种类繁多，尺度也不同。目前我们在活动中主要运用激情教学法、情境教学法、电教演示法、交流讨论法、互动法、操作法等教学方法，在一些艺术活动中也会用到审美熏陶法等。

（五）说学法

说学法就是说明幼儿要"怎样学""为什么这样学"的环节，教师要说出教给幼儿哪些学习方法，培养幼儿哪些能力。教师在说学法时要说出活动中幼儿怎样学习、依据是什么；自己在活动中如何激发幼儿学习兴趣，引导幼儿主动、积极探索；还要讲出怎样根据班级特点和幼儿的年龄、心理特征，运用哪些教育教学规律指导幼儿进行学习。

在现在的幼儿园教学活动中，常用多通道参与法、体验法、操作法、小组合作法、观察法等学习方法。

（六）说准备

活动准备包括活动前的准备（家长工作、社区协调、环境创设、资料收集、幼儿园活动等）和活动中的准备（即有关玩具、教具等材料，包括幼儿用书、教学挂图等）。活动准备是为让幼儿通过与环境、材料的相互作用来获得发展的。因此，活动准备必须与幼儿的能力、兴趣、需要等相适应。这一点在说课时必须说清楚。

（七）说过程

说活动过程是说课的重点部分，它反映着教师的教学思想、教学个性与风格，也只有通过对活动过程设计的阐述，才能看到其活动安排是否合理、科学，是否具有艺术性。说活动过程就是说明整个活动的流程，即各个活动环节的实施过程。活动步骤的安排、方式方法的选择必须以活动目标为核心，而活动目标既有赖于整体的教育活动过程来实现，又以不同的侧重点分散实现于各个活动步骤。因此，教师必须分解活动目标，并分析各层次活动目标与各步骤及方式方法之间的适应性关系。

（八）说延伸

如果教师设计的活动要进行延伸，教师也要说出怎样延伸活动、延伸的作用、要延伸的依据。说这部分，可以反映出教师对本班幼儿发展水平的掌握程度、对促进幼儿在不同水平上发展的理解认识与做法，以及因材施教、个别教育原理的运用等。

四、说课的要求

说课是一项涉及方方面面的工作，要说好一节课，应注意下面一些问题：

（1）说课，不同于一般的发言稿和课堂教学，它要求说者比较系统地介绍自己的教学设计及其理论依据，而不是宣讲教案，也不是浓缩课堂，它的核心在于说理，在于说清为什么要这样教，说课的重点在于教学重点和教学难点的突破上。

（2）在说课过程中，要注意使用普通话、充满激情、慷慨自然、紧凑连贯，简练准确、自然而有效地使用媒体。

（3）说课是把自己设计课程的思维活动"说"出来的过程，它能使幼儿教师在思想上对设计课程中的理论依据、构思再一次进行审视，强化了理论对实践的指导。

说课是教师刻苦钻研教材、探讨教学方法、实践教学手段、不断提高教育教学业务水平的一种好方法，也是深化教育改革后，教师进一步学习教育理论，用科学手段指导教学实践，提高教科研水平，增强教学基本功训练的一项内在要求。

学练结合：

1. 找出《纲要》及《3—6岁儿童学习与发展指南》中关于对幼儿园数学教育方面的要求。

2. 分别用教师作为行为主体、幼儿作为行为主体叙述"1和许多"的教学目的。

附"1和许多"教学要求：

（1）使幼儿能区别1个物体和许多个物体。

（2）理解"1"和"许多"之间的关系。即1个1个……合起来是许多，许多可以分成1个1个……。

（3）能在生活中运用"1"和"许多"词汇。

3. 结合自己对"上课"和"说课"的认识，谈谈它们的区别。

第四单元

幼儿感知集合的发展及教育

1. 内容提要

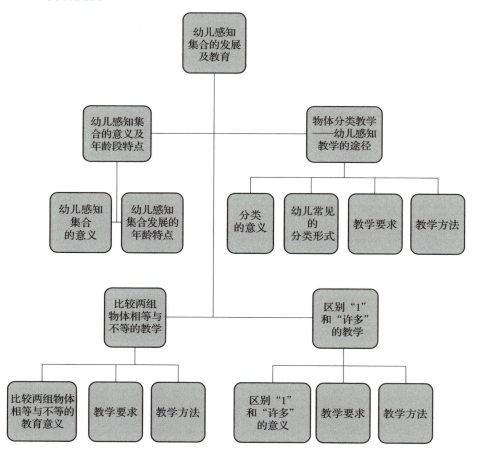

2. 教学基本要求

初步掌握物体分类教学、区别"1"和"许多"的教学。比较两组物体相等和不等的教学，能够自己独立选择或制作教具并独立上课。

第一课　幼儿感知集合的意义及年龄段特点

一、幼儿感知集合的意义

把一组对象看成一个整体就形成了一个集合，集合中的每个对象叫作这个集合的元素。例如，一个班的所有小朋友组成一个集合，其中每个小朋友是这个集合的元素；一盒积木是个集合，其中每块积木是这盒积木的元素。

集合是现代数学中一个最基本的概念。学习函数、概率论等高等数学几乎都离不开集合，甚至整个数学都是建立在它的基础之上。因此，不少国家从小学一年级起就结合认数和计算，运用韦恩图直观地引入集合的初步概念。

幼儿感知集合的教育是指在不介绍集合术语的前提下，让幼儿感知集合及其元素，学会用这样的方法比较集合中元素的数量，并将有关集合、子集及其关系的一些思想渗透到整个幼儿园数学教育的内容和方法中去。

向幼儿进行感知集合的教育十分重要。其重要性不仅因为集合在数学中的地位和作用，更主要的是因为它符合幼儿掌握初步数概念的发展规律和特点，是幼儿学数前的准备教育，同时也是幼儿正确学习和建立初步数概念及加减运算的感性基础。

1. 感知集合及其元素是计数的前提

幼儿会按物点数，正确地说出总数，才能称之为学会了计数，开始理解某数的实际含义，这也是幼儿初步数概念形成的标志之一。但是幼儿学会计数之前往往经过一个手口不一致的阶段，即不是手快了，就是说出的词快了。这种还不能把自然数集合的元素与被数物体集合的元素建立一一对应关系，说明幼儿还缺乏对集合元素的感知，缺乏对两个集合及元素的对应比较，致使学习计数和掌握最初数概念产生了困难。只有先让幼儿对集合中元素的确切感知和学会用一一对应的方法对两个具体的集合元素进行比较，并在比较的基础上确定它们的相等与不等之后，幼儿才开始对计数活动、对用数词说出集合元素感兴趣，才能使幼儿对抽象的数词与手点的物体建立起一一对应关系，从而学会计数，形成初步数的概念。

2. 感知集合及其包含关系有利于掌握数的组成与加减运算

在数的系列中，每一个数都包含在它的后继数里边，即1包含在2里，2包含在3里……在数出一组物体的数目时，幼儿要在头脑中把它们放进一种类包含的关系之中。如果不知道最后数到的数包含了全部所数的物体，没有类包含的逻辑观念，幼儿就不能把握好整体与部分的关系，而数的组成是总数与部分数之间的关系，加减法也是使部分与整体相联系的运算。因此，只有当幼儿形成了数不只是表示最后的一个物体，而且还形成这个数的包含关系后，他才能理解数的组成和加减运算。

集合具有包含关系，例如，动物的集合包含了狮子集、老虎集等。让幼儿感知集合的包含关系，以帮助幼儿从包含关系上理解数目，从而为数的组成和加减运算的理解打下基础。

数的组成其实质是总数与部分数之间的等量关系以及部分数之间的互补和互换的辩证统一关系。两个相等和不相等子群又以互补和互换的相互关系统一在一个数中。这种总数与部分数关系也可称为数群与子群关系。而集合具有的包含关系也就是集合与子集之间的包含关系，即集合包含子集，子集被包含在集合之中，用韦恩图可以直观地表示集合的这种包含关系，有利于理解数的组成及加减运算中这种整体与部分之间的关系。

可见，感知集合及包含关系有利于掌握数的组成与加减运算方法。

总数与部分数之间的关系

二、幼儿感知集合发展的年龄特点

（一）2~3岁幼儿感知集合的心理特点

幼儿在2~3岁就产生了对集合的笼统知觉，但这种知觉是泛化的。3岁前幼儿感知集合，没有明显的集合界限。他们不是一个元素接一个元素地去感知。例如，幼儿在玩积木时，在他不注意时拿走几块，他们是不会察觉到的，这时他感知的只是一堆不确定的模糊不清的东西，即泛化的。他们倾向于要多的糖果，或用"多多""好多"表示，但看不到集合的范围和界限，同时也不能一个接一个地感知集合中的元素，还没有精确地意识到元素的数量。如果让幼儿用重叠法感知一个集合中的元素，他们往往将物体摆出集合的范围。如下图：

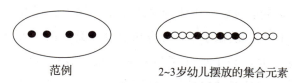

范例　　　　　　2~3岁幼儿摆放的集合元素

左图是画有4个扣子的集合图，要求幼儿用同样颜色和大小的扣子叠放在扣子的图上，右图是幼儿摆放的结果。他们不但不能将扣子正确地叠放在扣子图形上，而且将所有的空隙也都摆满了扣子，甚至还超出了集合的范围。

（二）3~4岁幼儿感知集合的心理特点

3~4岁幼儿已逐步感知到集合的界限，对集合中元素的知觉也从泛化向精确过渡。

这个阶段的幼儿，重叠集合中的元素能不超出集合的界限，而且所摆元素逐步达到准确一一对应。

实验证明，3~4岁是对应能力迅速发展的阶段。因此，幼儿从3岁以后就可以不用数，而用对应比较的方法来确定两个物体组之间的等量或不等量。

此外，他们开始具有简单的分类能力。类是逻辑学上的一个概念，从数学上讲类就是集合。幼儿能感知集合的界限及元素，也就是辨认物体（元素）

并将它们归类（形成集合）。3岁以后，幼儿能进行简单分类，即按物体外部特征分类（形成集合）。例如从大小、形状相同，颜色不同的花朵卡片中去说红颜色花朵的卡片放在一起等。实验证明，在教育条件下，小班幼儿已经具有对相同实物和按实物大小、颜色、形状、长短等分类的能力。如红旗集合里包括三面大红旗和一面小红旗，他们不能正确回答"红旗多，还是大红旗多？"的问题，往往认为大红旗多。因为他们能见到的是具体的大红旗，红旗是看不见的。红旗是包括了大、小红旗在内的高一级类概念，这种类概念的获得，需要幼儿具有一定的抽象概括能力，不能凭直觉判断。因此，在缺乏包含概念的幼儿的眼里，自然大红旗就多了。

（三）4~5岁幼儿感知集合的心理特点

4~5岁幼儿已经能够准确地感知集合及元素，并能初步理解集与子集的包含关系，提高了按物体的某一特征分类的能力。除了能很好地完成小班的各种分类要求外，还可按物体的简单用途和数量分类。在直观条件下，这个年龄段的幼儿对集（类）和子集（子类）做比较，能初步理解它们的包含关系。我国有人对3~7岁幼儿理解类包含关系能力做了比较实验，例如，并排放着3只小猪，都背着救生圈，其中两只小猪穿红裤衩，问："背救生圈的小猪多还是穿红裤衩的小猪多？"要求幼儿回答并说明理由。结果4岁的幼儿中能正确回答的幼儿只占总人数的5%，而5岁幼儿可达45%。这说明4~5岁幼儿对包含关系的理解能力发展较快，但能完成任务幼儿的比例不高。这说明，这个年龄的幼儿对类包含关系只处于初步理解的阶段。

（四）5~6岁幼儿感知集合的心理特点

5~6岁幼儿对集合的理解进一步提高和扩展。他们能按两种特征将集分成子集。如从一组不同颜色、不同大小和形状的几何图片中把红的、大的图片拿出来，或者把大图形的图片拿出来等。他们还能较好地理解集合和子集的包含关系。上述实验材料还表明，6岁幼儿理解包含关系的人数，已从5岁的45%上升到65%，所以可以理解并可按高一级的类概念要求进行分类，如按蔬菜、水果、树等一级类概念分类。同时，对集和子集关系的理解也表现在大班幼儿可以懂得数的组成和加减运算中数群和子群的关系，使幼儿做到在理解基础上掌握数的组成和加减运算。

我们强调幼儿感知集合的教育，强调在幼儿园数学教育中渗透集合的思想，目的是为幼儿正式学习计数和掌握初步数概念等做好准备，打好感性知识的基础，不是要求幼儿去掌握关于集合的名词和术语。这一点应特别予以注意。

第二课　物体分类教学——幼儿感知教学的途径

分类是把相同的或具有某一共同特征（属性）的东西归并在一起。它是幼儿感知集合教育的重要内容，既是小班学前教育的内容之一，也是学数以后中、大班的教学内容。

一、分类的意义

（一）分类能帮助幼儿感知集合

当幼儿把相同的或具有某一共同特征的东西并在一起进行分类时，也就形成了某种物体的集合。所以，幼儿学习分类的过程也就是感知集合的过程。同时在分类活动中，幼儿将一个个物体加以区分和归并，这样又能促进幼儿对集合中元素的感知。

（二）分类是人们计数的必要前提

要确定某种物体组的数量，首先要将一类物体与其他物体区别开，才能进行计数。如要回答活动室里有几个娃娃玩具的问题，就要将娃娃从玩具中分出来，在这个基础上再数一数一共有几个娃娃。这就要求幼儿对一组物体先进行分类，再计数它的数量。

二、幼儿常见的分类形式

（一）按对象分类

（1）按物体的名称分类，即把相同名称的物体放在一起。例如，从一堆玩具中把皮球都拿出来放在小筐里。

（2）按物体的外部特征分类，即按物体的颜色、形状分类。例如，将一盒装有各种颜色的木珠按颜色分别放在不同的小方法盒里；一盒不同形状的积木或塑片，按不同形状分成几堆等。

（3）按物体量的差异分类，即按物体大小、长短、粗细、厚薄、宽窄、轻重等量的差异分类。例如，将木棍或塑料棍按它的长短分别归类；把重的球（玻璃球）和轻的球（乒乓球）分别放在小盒里等。

（4）按物体的用途分类。例如，将积木、玩具动物和塑料小玩具归成一类（玩具）；将橡皮、铅笔、尺归为一类（学习用的）。

（5）按物体间的联系分类。例如，将手和手套、脚和鞋、乒乓球拍和乒乓球、在动物园里的、从商店里买到的等归并在一起。

（6）按物体材料的性质分类。例如，按不同质地的布料（麻布、棉布、绸布）将物体分类，按材料（木、塑、铁、纸）等的不同将物体分类。

（7）按数量分类。例如，若干张画有15个物体的卡片，按卡片上物体的数量分类。

（二）按包含关系分类

（1）具体概念分类，即对同类同名称物体分类。例如，从不同水果的卡片中将香蕉、苹果、梨等分别归类。

（2）一级类概念分类。例如，从一堆画有各种水果、车辆、餐具等的卡片中把车的卡片挑出来，或分别归类。

（3）二级类概念分类。例如，按交通工具、玩具、植物等分类。

对以上分类的种类，用按年龄班幼儿的知识范围及类概念发展水平进行选择。例如，小班进行的按物体名称、外部特征和量的一种特征（大小、长短）的分类，应是具体概念水平的分类。中班可进行一级类概念分类。大班除一级类概念外，对一些熟悉的物体可进行二级类概念分类。

三、教学要求

（一）小班

（1）学习从一堆物体中，根据范例和口头指示分出一组物体。

（2）学习按照物体的某一外部特征（如颜色、形状）和量（如大小、长短、高矮）的差异进行分类。每类物体宜在 4 个左右。

（3）要求幼儿理解并掌握有关词语。如"一样""不一样""放在一起""都是"等。

（二）中班

（1）让幼儿按照某一物体量（如宽窄、粗细、厚薄、轻重）的差异分类。每类物体一般不超过 5 个。

（2）让幼儿学习按物体的数量分类。

（3）理解并掌握有关词语。如"合起来""分开""分成"等。

（三）大班

（1）学习按物体的两个特征分类（如大小和颜色、颜色和形状、大小和形状、大小和厚薄等）。

（2）让幼儿自己确定分类标准自由分类，并用语言表达"为什么要把它们放在一起"。

（3）引导幼儿在分类过程中，初步理解类（集）与子类（子集）的关系。如苹果里面有大苹果和小苹果，大苹果和小苹果合起来都叫苹果，苹果多，大苹果（小苹果）少。

四、教学方法

（一）幼儿操作教学的方法

1. 模仿操作，让幼儿感知分类的含义

幼儿刚开始学习分类时，教师应先从一堆物体中拿出一个物体，要求幼儿以同样方式从一堆物体中拿出和老师拿的一样的物体并放在一起。

例如，教师在桌子上准备了小棒、小盘子、小碗、小勺等教具，引导幼儿观察桌子上共放有什么。然后教师从这些实物中拿出一个小碗问幼儿："我拿的是什么东西？"幼儿回答是"小碗"后，教师就把小碗放在一个小篮子里，然后要求幼儿像老师一样，把其他小碗找出来，放在篮子里，直到把所有的小碗全拿出来为止。最后，让幼儿与老师反复说几遍"它们都是小碗"。

在幼儿初步感知分类含义之后，教师可逐步增加些难度。例如，上例中，小碗中可以有大小不同、颜色不同的，要求幼儿把碗全部找出来放在一起，并反复强调大碗、小碗、红碗、绿碗都是碗。这样让幼儿学会排除物体大小、颜色等的干扰，正确进行分类。

2. 摆弄学具的操作学习分类

教师根据教学需要，为每个幼儿提供一份学具，让幼儿按一定要求摆放学具进行操作，学习分类。

教师应根据幼儿不同的年龄、不同的学习基础，由浅入深地提出不同的分类要求。

不同层次的分类举例如下：

例一 按颜色分类（无干扰因素的）

给幼儿红、黄、蓝三种不同颜色的方形卡片，让幼儿按颜色摆弄进行分类。

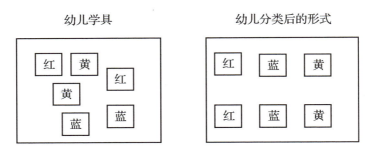

例二 按长短分类（有干扰因素的）

给幼儿4根颜色不同的长棒，4根颜色不同的短棒，让幼儿按长短摆弄进行分类。

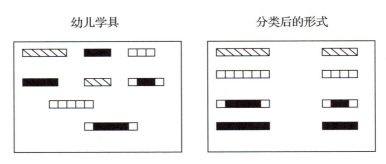

例三　按物体的数量分类

给幼儿 12 张画有 3 个不同物体，且数量不相同的卡片，让幼儿把画有相同数量物体的卡片分别摆放在一起。

分类后的形式

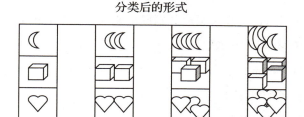

例四　按物体的两种特征分类

给幼儿大小不同、黑白两种颜色的各种形状不同的几何卡片，让幼儿按两种特征摆弄学具进行分类。（如黑三角形、白三角形都是三角形）

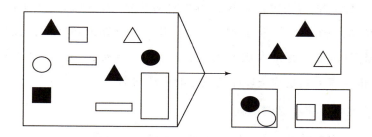

3. 游戏活动

教师可设计些游戏活动，让幼儿在游戏中学习分类，以提高幼儿的学习兴趣，同时可以限制幼儿分类速度，提高敏捷性。

例一　送图形宝宝回家

在教室周围的桌子上放有许多张红色、黄色的三角形、圆形、正方形卡片，并在教室四个角附近分别放上三角形、圆形、正方形、梯形的房子图片，作为图形宝宝的家。把幼儿分成红队与黄队，要求各队幼儿取与自己队相同颜色的图形卡片，把它送到这个图形的家里去。游戏结束，老师与幼儿一起检查分类的正确与否。

例二 《踩数字》游戏

场地上有 15 的数字卡片 15 张，其中每张数字卡片有三角形、圆形、正方形三种形状，并有红、黄、蓝三种颜色，请若干幼儿上来按老师的要求踩数字，每一张卡片只能一个幼儿踩，踩错的或未踩的幼儿算输。

教师可按下列内容由浅入深地分别提出要求，让幼儿按要求踩数字。

（1）踩三角形卡片上的数字；

（2）踩数字 3 的卡片；

（3）踩红颜色的数字 3；

（4）踩比 3 少 1 的数字卡片；

（5）踩红色的三角形上的数字 4；

……

4. 在日常生活中练习分类

幼儿的分类活动还可以贯穿在各种日常生活中。例如，幼儿在午餐后，让他们把碗放一个筐里，筷子放另一个筐里；每次游戏结束后，让他们收拾玩具，如连环画放一起，大积木放边上，等等。这样，不仅训练了幼儿分类的能力，也培养了幼儿的条理性及良好的生活习惯。

（二）教学中应注意的问题

第一，分类教学中，首先应注意分类材料的差异性。

分类材料差异越多，幼儿分类的难度也就越大。因此，应根据分类的要求适当增多材料的差异性，有利于幼儿的分类活动，有利于思维的发展。

例如，要求小班幼儿按物体的形状进行分类，并要分成两类，教师为幼儿准备的材料中如果只有圆形、正方形两种差异的话，幼儿很容易把材料分成圆形和正方形两类；如果教师为幼儿准备的材料中有圆形、三角形、正方形、长方形等多种差异的话，让幼儿分出圆形、正方形就有了一定的难度，特别是正方形和长方形，幼儿应仔细观察才能正确区分。

再如，要求幼儿按两种特征分类，即把红色的正方形放在一起，那么在材料中必须有红色正方形、不是红色的正方形、红色的不是正方形等至少三种差异的材料，才有利于幼儿正确把红色正方形区分出来。

分类材料的差异多为幼儿进行分类提供了多种信息，这样对幼儿从各个角度确定分类标准打下了基础。例如，在红、蓝两种颜色的正方形、三角形、长方形、圆形……卡片中，让幼儿分类，由于差异很多，因此有的幼儿以形状差异为标准进行分类，有的幼儿以颜色差异为标准进行分类。

第二，启发幼儿仔细观察，独立思考。

面对分类材料，教师要启发幼儿仔细观察分类对象的名称、分类对象的各种差异。可以请幼儿说说材料中有哪些不一样的地方，让幼儿知道可以根据物体的各种差异进行分类。启发鼓励幼儿分的可以与别人不一样，培养幼儿独立思考的能力。

第三，组织幼儿交流分类的过程。

当幼儿把材料进行分类之后，教师应组织幼儿进行交流，这也是分类教学的重要环节，幼儿可以从其他幼儿的分类中学到更多的分类方法，有利于培养幼儿虚心好学的品质。

交流形式一般有两种，一种是让幼儿把自己分类的物品讲解给大家听，或把自己的物品边展示给大家边进行介绍，注重讲解自己是按什么分类的，是怎样分的；另一种是把每个幼儿分类的结果放在桌子上，组织全体幼儿互相观看，最后把看到的情况进行交流。例如，请幼儿回答，看到哪些小朋友分的与自己不一样，自己是怎么分的，别人是怎么分的，哪些地方不一样。这些不仅起到相互学习的作用，还提高了语言的表达能力。

第四，分类活动与其他数学教学内容的有机结合。

分类是幼儿学数前的主要教学内容之一，也是幼儿学数后的教学内容。例如，当幼儿学会计数后再进行积木分类活动时，就可以数数共有几块积木，三角形的有几块……与数数活动结合起来了，当幼儿认识了"1"和"许多"后，可以让幼儿把是"1"个的物体放在一起，把"许多"个物体放在一起，这样，分类与认识"1"和"许多"就结合在一起了。

当幼儿学习了加减运算后，要求他们把得数是 2 的算式放在一起，得数是 5 的算式放在一起，这样分类又与加减运算结合在一起。这样的有机结合不仅有利于幼儿掌握知识，也有利于提高幼儿学习的主动性与积极性。

示范教案 1

授课科目：幼儿园数学教育	授课班级：小班	设计教师：

活动名称：按形状分类

活动目标：

1. 能说出一些常见物体的形状。
2. 能根据物体的形状为物体分类。
3. 对图形的学习产生兴趣。

活动重点：巩固对圆形、正方形主要特征的掌握。（选填）

活动难点：能根据物体的形状为物体分类。（选填）

物质准备：

1. 圆形盘子一个、小盘子若干（每个盘子里有 67 个几何图形卡片）。
2. 糖果（圆形、正方形的规整包装）。
3. 几何图形卡片若干、车轮的图片一张。
4. 纸盒（口径分别是圆形和正方形的）若干。

活动过程：

一、开始部分

　　教师向幼儿出示圆形盘子、正方形桌子、圆形的车轮图片，并请幼儿观察它们有什么不同。教师将盘子和车轮的图片在桌子上滚动，引导幼儿说出盘子和车轮是圆形的，桌子是正方形的。教师引导幼儿观察，教室里还有哪些东西是圆形的，哪些东西是正方形的。

续表

授课科目：幼儿园数学教育	授课班级：小班	设计教师：

二、基本部分。

第一层次：复习图形。

教师先后出示圆口和正方形口的盒子，将盒口对着幼儿的方向。教师引导幼儿辨认圆形或正方形。

教师总结：盒口没有角，四周圆圆的、光滑的就是圆形盒子。有4条边、4个角，4条边一样长、4个角一样大的图形就是正方形盒子。

第二层次：图形分类。

教师将准备好的盒子和糖果分给幼儿，每人一份。引导幼儿按糖果的形状分类并装进对应形状的盒子里，并说说圆形和正方形的特征。教师巡视、指导。

第三层次：幼儿描述。

教师帮助幼儿完整描述正方形和圆形的特征，并对幼儿的答案进行总结。

如有4条边、4个角，4条边一样长、4个角一样大的图形就是正方形。没有角，四周圆圆的、光滑的就是圆形。

三、结束部分。

1. 游戏——送图形宝宝回家。

玩法：在教室中找图形宝宝卡片，找到后，将不同的图形宝宝送回相应的家，并试着一边送一边说：我送××图形宝宝回家啦！

2. 教师小结。

今天我们都学了什么？你是怎么分的？

四、活动延伸。

在区角活动中，教师可以提供一些多次分类的实物、图片，让幼儿按具体的特征进行多次分类。

> **教案评析：**
>
> 活动中，教师利用幼儿日常生活中的常见实物，使幼儿对圆形和正方形有了明确的认识。在将糖果分类的活动中，又加深了幼儿对两种图形的感知。该活动符合《指南》中的要求，既达到了教学目标，又实现了活动内容贴近幼儿的日常生活。其中，幼儿描述自己的分类方法，教师给予指导的过程需要教师耐心地倾听，并用幼儿能接受的语言给予具体的帮助和引导。

第三课 比较两组物体相等与不等的教学

一、比较两组物体相等与不等的教育意义

比较两组物体的相等与不等，就是用一一对应的方法比较两个集合中元素的数量，确定是一样多还是不一样多。这是不用数进行的数量比较活动，即不要求幼儿说出数词。

（一）比较两组物体的相等与不等，能使幼儿感知物体组中物体（元素）的数量从而获得数的感性经验

幼儿最初对集合元素的感知是模糊、笼统的，他们在比较物体多少或一样多的过程中，往往受物体大小及空间排列位置的影响，因此，把两个集合的元素一个对一个地具体形象地进行比较，可使他们逐步排除上述影响，有利于幼儿准确地感知集合中的元素，通过比较得出多、少或一样多的结论，有助于幼儿感知各种物体（元素）的数量。

（二）两组物体（两个集合）相等与不等的比较活动，可以帮助幼儿准确地感知集合中的元素

两组物体相等与不等的比较活动，使幼儿学会用对应的方法比较物体组的数量。幼儿学会对应的重要性，不仅在于它是一种比较物体多少的方法，

还在于掌握对应是幼儿学习计数乃至理解数概念的必不可少的基础和准备。因为计数活动的过程就是把要数的那个集合中的元素与自然数列里从一开始的自然数建立起一一对应的关系的过程。用一一对应的方法比较两组物体的元素多、少或一样多，幼儿获得了这种一个对一个的放置形式的感性经验，训练了手眼协调活动的能力，对于以后学习计数，即把要数的那个集合的元素与自然数列的集合建立起一一对应关系的过程打下了基础。因此，幼儿不能熟练地掌握对应的方法，也就不能掌握计数的活动，不能理解数的实际含义。

二、教学要求

（1）学会对应。会将一个物体组与另一个物体组进行对应比较。

（2）在学会对应的基础上，不用数进行两组物体（每组物体不超过5个）的比较。知道哪组多，哪组少，或者一样多。

（3）能理解和运用"一样多""不一样多""多""少"等词汇。

三、教学方法

比较两组物体的数量，常用的方法为重叠法和并置法。

（一）重叠法

用重叠法进行比较时，一般是先把一组物体摆成一行，再把另一组物体逐个一对一地重叠到前一组物体的上面，比较两组物体是一样多还是不一样多。

例如，"给娃娃戴帽子"，发给幼儿3个娃娃和3顶帽子，请幼儿把娃娃依次排成一行，再把帽子一个一个地放在娃娃头上，让幼儿比较并回答："娃娃和帽子一样多还是不一样多？"（一样多）。

用同样的方法还可以比较小猫和鱼的相等和不等。请幼儿把小猫玩具从左到右排成一行，再把小鱼玩具一个一个放在小猫嘴里，让幼儿观察发现一只小猫嘴里没有吃到鱼，引导幼儿思考小猫和鱼哪个多，哪个少，还是一样多。

用重叠法进行比较时，也可以采用一个有情节的主题把所要比较的对象贯穿起来。例如，选择"小熊请客"这一主题，先把请来的客人与家里的凳子重叠对应比较多、少或一样多，然后请客人吃蛋糕，把蛋糕与客人重叠对应进行比较，最后客人与小熊一起跳舞，把客人与小熊重叠对应比较。这样幼儿被这个有情节的主题所感染，对多次的重叠对应比较增加了兴趣，而不感到枯燥。

用重叠法进行比较时，还可以采用游戏活动进行。例如，教师放6把椅子，请7个幼儿来做"找位置"的游戏，先做边听音乐边拍手边找位置的动作，音乐声一停，大家立即找位置坐下，有一位幼儿没有找到位置，这样重复几次，教师再三启发，"怎么总有小朋友找不到位置？"让幼儿在亲身感受中知道椅子少、幼儿多的问题。

（二）并置法

并置法是把一组物体摆成一行，再把另一组物体一个对一个地并排放在这组物体的旁边（上、下、左、右都可以），比较这两组物体的数量。教幼儿用并置法比较时，除了做到一一对应外，还有距离和方法上的要求。如使两组物体一个个地上下（或左右）对齐，并保持一定的间隔。因此，对幼儿来讲用并置法比用重叠法困难，应在重叠法基础上再用并置法比较。

例如，"小兔吃萝卜"，给幼儿5只小兔的卡片，4只萝卜的卡片，让幼儿把小兔排成一行，然后在每只小兔前面放一只萝卜，放完为止。然后引导幼儿比较并说出有一只小兔没有吃到萝卜，小兔多，萝卜少了。

用并置法进行比较时，同样可以与有情节的主题结合，与游戏活动联系起来。

教学中应注意的问题：

第一，在教学中，先让幼儿比较数量一样多的两组物体，再比较数量不一样多的物体。比较不一样多的物体时两组物体数量要相差1。

第二，摆放物体时要让幼儿使用右手或左手从一个方向顺次摆放，如从左向右或从上向下摆放，以培养幼儿动作的规范性，为数数打基础。

第三，数前进行对应比较活动时，不要求幼儿说出数词，只说出"多""少""一样多"。因此，教师提问中不问"有几个""多几个"等问题。

第四，在比较两组物体不一样多的延伸活动中，要使不一样多的两组物体一样多时，让幼儿知道除了用"增加"的办法外，还可以用"去掉"的办法，都能使不一样多的两组物体一样多。

第四课　区别"1"和"许多"的教学

"1"是自然数中最小的数，是自然数的基本单位，任何一个自然都是由若干个1组成的。"许多"是一个笼统的词汇，它表示集合中有两个以上的元素。

一、区别"1"和"许多"的意义

幼儿很小的时候就已经对物体的多数量有所反映，他们往往用"还要""要多多的"来表示对量的要求，但他们并未意识到构成"许多"的元素。3岁幼儿对集合中元素的感知是泛化的。所以教幼儿区别"1"和"许多"，主要是引导他们感知集合及其元素，促进幼儿感知元素的分化过程。

幼儿学数前进行"1"和"许多"的教学，主要是让他们感知集合及其元素。当他们把一个又一个的物体放在一起就构成了"许多"，再把"许多"分成一个一个，在这一过程中准确地感知元素的个数和"许多"的含义，为以后学习一个一个地数物体即计数、学习10以内的数做准备。

二、教学要求

（1）使幼儿能区别1个物体和许多个物体。

（2）理解"1"和"许多"之间的关系。即1个1个……合起来是许多，许多可以分成1个1个……。

（3）能在生活中运用"1"和"许多"词汇。

三、教学方法

（1）在区别"1"和"许多"的教学中，首先要教幼儿学会区别一个物体和许多个物体，然后帮助幼儿了解"1"和"许多"之间的关系。教学过程必须借助直观教具进行。

（2）通过观察比较教幼儿区别1个物体和许多个物体。教师利用直观教具，引导幼儿边观察边比较，看看什么东西是一个，什么东西有许多个。例如，一辆大汽车和许多辆小汽车，一个鱼缸和许多条鱼，一棵树上结了许多果子，等等。通过对各种1个和许多个物体的观察和比较，使幼儿初步理解"1"和"许多"都是表示物体数量的，学会区别1个物体和许多个物体。

（3）采用教学游戏以及幼儿操作等方法，让幼儿了解"1"和"许多"之间的关系。例如，"小白兔拔萝卜"是一个贯穿上课全过程的情节性教学游戏。整个教学过程都紧紧围绕着1和许多之间的关系进行。

"小白兔拔萝卜"游戏有以下几个步骤：

①教师当兔妈妈，小朋友当小白兔。让小朋友知道兔妈妈只有1只，小白兔有许多只（认识1和许多）。

②教师拿出一摞儿小白兔头饰，引导小朋友说出这是"许多"小白兔头饰后，再一个一个地分给小朋友并戴好（每人一个）。在为每个小朋友分别戴头饰时，教师说："我给×××小朋友一个头饰"，该幼儿则回答"我是一只小白兔"（认识"许多"分成1个又1个……）。

③兔妈妈带着小白兔蹦蹦跳跳地进入了菜园（教室的另一端地上放着与教师和小朋友人数相等的玩具萝卜）。兔妈妈说："我在菜园里种的萝卜都长大了，小兔子们，你们说地里有多少萝卜呀？"小白兔回答："有许多萝卜。"然后请小白兔帮兔妈妈每人拔1个萝卜回家，要求每个小朋友拔完萝卜后都要说：我拔了1个大萝卜。这个过程复习了"许多"分成1个1个……

④要求小白兔把拔下的萝卜1个1个地放到篮子里去（认识1个1个合起来是"许多"）。

⑤游戏结束时要求小朋友1个1个地将头饰交给老师。这时又利用头饰再复习一遍1个1个（头饰）合起来就是"许多"（头饰）。

从这一实例可以看出，上课的每一个步骤都是围绕"1"和"许多"的关系。教师在这一节数学课中，运用了游戏法、比较法、操作法等教学方法，并体现了动静交替的原则。

（四）巩固练习

当幼儿初步学会区分"1"和"许多"，并了解"1"和"许多"的关系后，还需进行巩固练习。

1. 通过各种形式让幼儿寻找一个物体和许多个物体

一般有三种形式，按照从易到难的顺序可以是：

1）让幼儿在准备好的环境中寻找

例如，在桌子上放一把水壶和许多个水碗；在玩具架上放着一个娃娃和许多个小动物玩具；在图片上画着一棵树，树上有许多只小鸟。

这种形式对比鲜明，"1"和"许多"个物体突出了出来，幼儿比较容易寻找。

2）引导幼儿在自然环境中寻找

例如，可以从活动室里找出一扇门和许多窗户；一位老师和许多个小朋友；墙上有一架钟和许多小朋友的图画，等等。

这种形式的寻找相对来说困难一些，因为寻找的空间范围较广，没有确定的目标。往往需要教师做些引导和启发。如让幼儿认真地找找，看看"墙上（屋子里、玩具架上）都有什么？什么东西只有1个？什么东西有许多个？"

3）教幼儿运用记忆寻找

凭记忆，让幼儿说出家里、幼儿园或周围其他场所中什么东西有1个，什么东西有许多个。如家里有一台电视机、一张桌子和许多把椅子，幼儿园院子里有一架滑梯和许多棵树，公共汽车里一位司机开车，许多人坐车，等等。

这种形式需要记忆和表象的参与，因而对于幼儿来说更困难一些，也需要教师的启发。

2. 运用幼儿的各种感官感知"1"和"许多"

通过"看一看""听一听""摸一摸"和"跳一跳"等形式，让幼儿运用视觉、听觉、触觉和运动觉等进一步感知"1"和"许多"。如教师拍手、击鼓，让幼儿听出老师拍击的是一下还是许多下，从而运用幼儿的听觉和运动觉让幼儿感知"1"和"许多"。利用触觉的活动，可以采用类似下面的方式：用口袋装一个乒乓球和许多个纽扣，让幼儿用手摸一摸，说出口袋里有多少乒乓球和纽扣等。

示范教案 2

授课科目：幼儿园数学教育	授课班级：小班	授课教师：
活动名称："1"和"许多"		

活动目标：
  1. 认识"1"和"许多"，知道 1 个 1 个合起来就是许多，许多是由许多个"1"组成的。
  2. 培养幼儿爱劳动的习惯。		

活动重点、难点：知道 1 个 1 个合起来是许多个，许多是由 1 个 1 个组成的。		
活动准备： 物质准备：5 个小白兔头饰、1 个兔妈妈头饰，1 个"菜篮子"、5 个大萝卜（或图片），1 个果盘、5 个苹果，1 个鱼缸（里面有 5 条以上的鱼）。		

活动过程：
一、开始部分。
  1. 教师出示一个果盘，里面装着许多个苹果（大概五六个），引导幼儿仔细观察，并跟着老师一起说："一个果盘，里面有许多个苹果。"
  2. 教师指着教室自然角里边的鱼缸，引导幼儿观察，并和老师一起说："一个鱼缸，里面有许多条鱼。"		

授课科目：幼儿园数学教育	授课班级：小班	授课教师：

二、基本部分。

第一层次：分发头饰。

　　教师出示兔妈妈头饰，一边戴在自己的头上一边告诉幼儿，现在老师扮演兔妈妈，接着老师出示5个兔宝宝头饰，要发给小朋友，发到哪一位小朋友，哪位小朋友一边戴头饰一边大声说："我是一只小白兔。"

第二层次：拔萝卜。

　　1. "兔妈妈"把兔宝宝（5个）叫到身边，对5个兔宝宝说：现在是1只兔妈妈，许多只兔宝宝。兔妈妈又说："春天，我们在菜地里种的萝卜已经熟了，我们去菜地拔萝卜好不好？"

　　2. 教师引导幼儿用"兔跳"，跳到菜地里（教室的空场地当作菜地，事先摆放好5个萝卜）；

　　3. 教师示范拔萝卜动作；

　　4. "小白兔"（幼儿）每人拔1个萝卜，放到"兔妈妈"的菜篮里，兔妈妈指着菜篮子说"1个1个萝卜就组成了许多个萝卜。"

第三层次：收头饰。

　　游戏结束了，老师收头饰，给下一组小朋友玩。老师走到"小白兔"身边，收"小白兔头饰"，套在手臂上，边收边大声说"1个小白兔头饰，1个小白兔头饰……"最后，教师指着手臂上的小白兔头饰说：这里有许多小白兔头饰（暗示着1个1个合起来是许多个）。

　　教师再找几组幼儿玩游戏，方法同上。

三、结束部分。

　　教师引导幼儿观察教室里的1个和许多个。教师提示幼儿1个果盘，里面有许多个苹果，1个苹果1个苹果合起来就是许多个苹果；1个鱼缸，里面有许多条鱼，1条鱼1条鱼合起来就是许多条鱼；教室里有椅子，1把椅子1把椅子合起来就是许多把椅子……

四、活动延伸。

　　小朋友回家看看你的家里哪些东西是1个，哪些东西是许多个。把你发现的记下来明天和大家分享。

教案评析：

本次活动通过"1. 幼儿边戴头饰边大声说'我是一只小白兔'；2. 兔妈妈指着菜篮子说'1个1个萝卜就组成了许多个萝卜'；3. 老师走到'小白兔'身边，收'小白兔头饰'，套在手臂上，边收边大声说'1个小白兔头饰，1个小白兔头饰……这里有许多小白兔头饰'"这几个环环相扣的游戏环节，在游戏中完成了讲解"1个1个组成了许多个，许多个是由1个1个组成的"的道理，寓教于乐，并为今后基数学习打下坚实的基础。

学练结合：

1. 小、中、大班任选一个班型进行分类教学，并能区分不同年龄段分类教学的重点。

2. 模拟教学"比较两组物体相等和不等"片段，并说出教学中要注意的事项。

3. 以"小白兔拔萝卜"为主题，写一篇完整的"1"和"许多"教案，并模拟教学。仔细体会在教学中怎样突破教学难点。

幼儿数概念的教育

　　幼儿的感知集合教育,为幼儿学习计数和掌握10以内初步数(这里指自然数,下同)概念创造了有利条件。那么幼儿初步数概念是怎样形成和发展的?这是幼儿园数学教育必须解决的理论问题。

　　幼儿10以内初步数概念包括以下几方面的内容:10以内数的实际意义;10以内序数;10以内相邻数及等差关系;10以内数的守恒;读写10以内数字和10以内数的组成。而计数活动则是幼儿形成初步10以内数概念的基本活动。

1. 内容提要

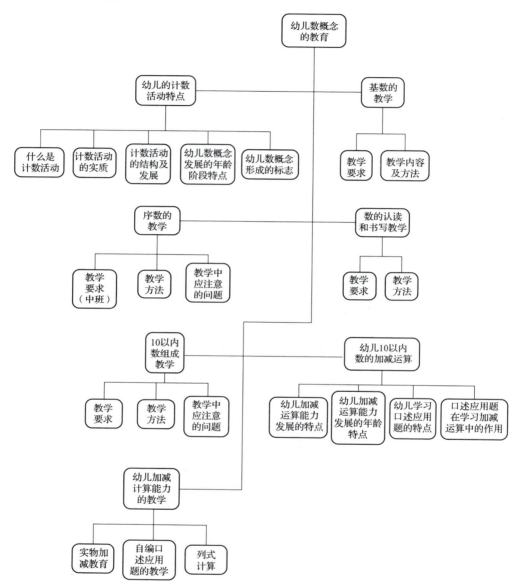

2. 教学基本要求

初步掌握 10 以内基数、序数教学及数组成教学；能够正确选择教具，有一定的独立把握课堂的能力。

第五单元 幼儿数概念的教育

第一课 幼儿的计数活动特点

一、什么是计数活动

计数活动是一种有目的、有手段、有结果的操作活动。

人们为什么要计数？要确定物体的数量，这就是计数的目的。计数需要采取逐一点数的操作手段，最后用一个数词表示这群物体的数量，所以，其结果表现为数的形式。

二、计数活动的实质

计数活动的实质是将具体集合的元素与自然数列里从"1"开始的自然数之间建立起一一对应的关系。只要不遗漏，也不重复，数到最后的一个元素所对应的数就是计数的结果，即总数。

如用手指逐个点数桌面上摆成横排的玩具小鸡，同时说出1只、2只、3只，使说出的每一个数都与一只小鸡相对应，建立起一一对应的关系。最后数3，那么3只小鸡就是桌上小鸡的总数，幼儿以"一共有3只小鸡"来表示计数的结果。

三、计数活动的结构及发展

计数活动是由许多部分（因素）组成的。计数活动的结构可从内容和动作两方面进行分析。

（一）内容方面

计数活动的结构从内容方面可分为四个部分：

（1）依次说出数词。

（2）从集合（物体群）中区分出每一个元素（对象）。

（3）每个数词只与集合中的一个元素相对应。

（4）说出总数。

(二) 动作方面

计数活动的结构在动作方面主要包括手的动作和语言动作两个部分。这两个部分的动作各自遵循由低到高、由外部展开向内部压缩的发展过程。

手的动作：开始学习计数时，幼儿的手要触摸并移动物体，然后到只触摸物体，再发展到不触摸，在一定距离外指点物体，最后发展到只用眼睛区分物体并点数，以眼代手的动作。

语言动作：最初要高声说出数词，然后到小声说出数词，再发展到动动嘴唇，最后发展到不出声地默数。

幼儿计数过程中手和语言的动作是相互联系和配合的。初学计数时具有明显的外部动作特征，既要用手移动物体，又要大声说出数词。逐步做到指点物体小声说，最后大班幼儿可以进行默数。

四、幼儿数概念发展的年龄阶段特点

幼儿10以内初步数概念的发展既有连续性，又有阶段性。

(一) 第一阶段（3岁前）——对数量的感知动作阶段

这个阶段的特点是：

第一，对数量有笼统感知，他们对明显的大小、多少的差别能区分，对不明显的差别则不会区分。

第二，会口头唱数，但一般不超过5。

第三，逐步学会手口一致地对5以内的实物进行点数，但点数后说不出物体的总数。

总之，此阶段幼儿主要通过感知运动来把握物体的数量，只具有对少量物体的初步数概念，还算不上真正具有了数的概念。

(二) 第二阶段（3～5岁）——数词和物体数量间建立联系的阶段

这个阶段的特点是：

第一，点数实物后能说出总数，即有了最初的数群的概念。5岁左右开始出现数的"守恒"现象。

第二，前期幼儿能分辨大小、多少、一样多；中期能认识第几和前后顺序。

第三，能按数取物。

第四，初步认识数与数之间的关系：有数序的观念，能比较数目大小，能应用实物进行数的组合和分解。

第五，开始能做简单的实物运算。

这一阶段幼儿所反映出来的特征表明他们已在较低水平上达到了形成数概念的指标。

（三）第三阶段（5岁以后）——数的运算初期阶段

这个阶段的特点是：

第一，对10以内的数大多数能保持"守恒"。

第二，计算能力发展较快，大多数从表象运算向抽象的数字运算过渡。

第三，序数概念、基数概念、运算能力的各个方面都有不同程度的扩大和加深，到后期一般可学会100以内的数数，个别的可能学会20以内的加减运算。

这一阶段的幼儿已在较高水平上形成了数的概念，并开始从表象向抽象的数的运算过渡。

五、幼儿数概念形成的标志

在一般人的思想中，认为幼儿学会了数数，能依次序念数词，能按成人要求拿取相应数量的物体，并会比较数量的多少，就形成了数概念。其实，幼儿能够完成这些数的行动不等于形成了数概念，幼儿数概念的形成是一个复杂的智力活动过程，这个过程是连续而有序的。幼儿形成初步数概念有以下几个标志：

1. 掌握10以内数的实际意义

理解10以内数的实际意义，包括10以内数的基数和序数的意义；在判断物体的数量时，能不受物体的大小、形状和排列形式的干扰，正确确定物体的数量（即数的守恒）。

2. 认识10以内相邻数的关系

幼儿认识10以内相邻数的关系，就是懂得自然数中的任何一个数都比前一个数大1，比后一个数小1，理解自然数的顺序是一个固定不变的体系。

3. 掌握10以内数的组成

掌握10以内数的组成，说明幼儿初步认识了数的结构，知道整体与部分的关系。这不仅提高了对数概念的认识水平，而且提高了幼儿按群计数的能力，为以后学习加减法奠定了基础。

第二课　基数的教学

基数是表示集合中元素多少的数，是幼儿数学教学的重点内容，也是最初步的数学知识。形成幼儿初步的10以内基数的概念，就可以为进一步学习加、减运算打好基础。

认识10以内基数是幼儿数学教学的主要内容，它是最简单的初步的数学知识。形成幼儿初步的10以内基数的概念，是幼儿园数学教学工作的基本任务。

一、教学要求

（一）小班

（1）会手口一致地点数数量为4以内的物体并说出总数，初步理解4以内基数的实际含义。

（2）能按数（4以内）取物。

（二）中班

（1）能正确点数数量为10以内的物体并说出总数，正确认识10以内数的实际含义。

（2）知道10以内相邻两个数的多"1"与少"1"关系。

（3）能不受物体的大小、形状或排列等影响，正确判断10以内物体的数量。

（三）大班

（1）会10以内倒数、顺接数和倒接数，熟练地掌握10以内数的顺序。

（2）学习按数群计数。

（3）认识10以内三个相邻数的关系及自然数列的等差关系（按顺序排列110的数中，除"1"以外不管哪个数都比前面一个数多"1"，比后面一个数少"1"）。

二、教学内容及方法

（一）数数

1. 教师示范，让幼儿按物点数并说出总数

按物点数是幼儿数数活动的基本方式，是幼儿认识数的实际含义的基础。

小班幼儿刚开始学习点数时，往往乱点乱数，因此教师要为幼儿做点数动作示范，教会幼儿用手指按一方向点一个物体并说出一个数词。为了防止幼儿数数时出现顺口溜现象，教师可以出示一个物体，让幼儿说出一个数词，或移动一个物体说出一个数词，训练幼儿视觉、手的动作和口说出的数词协调一致。

小班幼儿刚学习点数时，在点到最后一个物体后，如问他"一共有几个？"他往往回答不出。因此，教师在点数最后一个物体时，用手指围绕所点过的物体划个圈，对最后的一个数词提高声音或延长声音，以突出和强调这个数就是物体的总数，使其理解总数的含义。

点数后说出总数是一个连续完整的过程，但不是同一个过程。对于小班幼儿而言，开始学习正确点数并同时说出总数是有困难的。因此，教师可以把点数与说出总数分步进行。开始让幼儿学会点数，由教师说出总数，然后在点数后由教师与幼儿一起说出总数，再后可由教师点数，让幼儿说出总数，回答"一共有几个？"的问题，最后让幼儿自己点数后说出总数。

2. 让幼儿运用各种感官计数

运用各种感官计数主要指运用听觉、触觉和运动觉来感知物体的数量，加深对数意义的理解。

（1）运用听觉感知某种声音发出的次数。教师可以用击铃、击鼓、拍手、学动物等方式发出声响让幼儿数数。开始时让幼儿边听声响边出声数数，如

教师敲一下铃，幼儿大声数1，敲第二下铃，幼儿数2，最后让幼儿说出一共敲了几下。其次，让幼儿认真听声响，口里不出声，而在心里默默数声响的次数，然后说出一共是几下声响。另外，还可以训练幼儿闭上眼睛，不借助于视觉来感知声响的次数。这种形式一般适用于中、大班幼儿。

（2）运用触觉感知物体数量。教师可以让幼儿闭上眼睛触摸桌上准备好的学具，数出一定数量的物体或在准备好的口袋里边摸边数出一定数量的物体。教师也可以让幼儿按教师的指令，摸出相应数量的物体。

（3）运用运动觉感知自身运动的次数。如通过拍手、拍球、跺脚等动作次数表示一定数量。

（4）运用多种感官计数，有时可将各种感官结合起来感知物体的数量。例如，判断声响次数时，让幼儿同时触摸与声响次数相当的物体或做次数相等的动作。这种多层次的计数活动既能加深幼儿对数的理解，又能有效地促进幼儿各种感觉器官的协调活动。

3. 通过比较两个相邻数的相等与不等来练习数数

通过比较两个相邻数的相等与不等来练习数数，也是幼儿认识数的形成（即1个数添上1形成后面的一个新的数）的方法，有助于加深理解数与数之间的关系。

教师将两组同等数量的物体一一对应摆放，让幼儿数数比较，确认一样多以后，在其中一排物体上增加一个同样的物体，让幼儿再数一数共有几个。这样，使幼儿在直观的条件下，看到一个新的数是由原来的数添上1而形成的。为了突出新的数是在前面一个数上添上1的结果，教师可以把添1的这个物体再拿走，让幼儿清楚地看到减去1还是原来的数。最后，教师应概括地说出2个添上1个是3个，2添上1就是3。

当幼儿初步认识到相邻两数多1少1的关系后，可以进一步让幼儿进行不对应的比较。就是把两组物体不规则地摆放，让幼儿边数边比较，以提高幼儿灵活运用一一对应的能力。

4. 按范例数量取物和按数取（找）物

幼儿对每个数的实际含义的理解需要通过充分的练习予以巩固。按范例数量取物是巩固对数的实际含义理解的有效复习方法。

按范例取物是教师给予一定数量物体作范例，让幼儿拿出与范例同等数量的物体。如教师在桌子上摆出两辆小汽车，要求幼儿从自己小盒子里取出与小汽车一样多的正方形。

按数取物是以数作范例（口头说出数或出示数字），要求幼儿取出相应数量的物体。如教师在桌上分别摆着小碗、小熊猫、小青蛙、小汽车等玩具各若干个，请小朋友轮流上来按教师的要求取出 2 个（或 3 个……）小碗，3 只小熊猫等。小班幼儿用口头说出数，认识数字后的中班幼儿和大班幼儿可用数字进行。

按范例数量取物或按数取物应改变方式进行。可个别进行也可集体进行；可每人用一套小教具，也可共用一套教具；可从幼儿自己身上找出什么东西有 2 个或 5 个，也可以从玩具架上、教室里取出物品，等等。

应先学会按范例数量取物，再进行按数取物。因为范例是实物，它具体而直观，仅幼儿可以先计数实物再动作；按数取物所给定的条件是抽象的数，没有直观的依据，要求幼儿对数的实际含义有准确的理解才能完成任务。

(二) 学习数守恒的方法

学习数守恒是中班的主要教学要求之一，它是幼儿形成初步数概念的主要标志之一。对幼儿进行数守恒的教学，应在切实掌握了 10 以内数的基础上进行。

学习数守恒，主要要求幼儿懂得不论是什么物体，不管它们的颜色、大小、形状以及摆放形式有什么不同，它们的数都是一样的。

教幼儿学习数守恒的方法有很多，可先用同样颜色、形状、大小的物体，改变排列形式学习数守恒。例如：

1. 同数异长

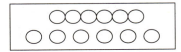

2. 同数异位

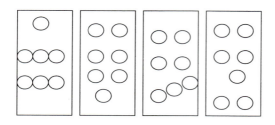

3. 异数等长

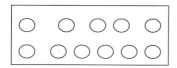

然后再用不同计数对象、对象的大小不同、颜色不同和排列方式不同等综合因素进行数守恒练习。如教师出示5张图片（下图），先引导幼儿观察比较并讨论：

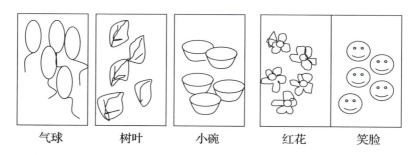

气球　　　树叶　　　小碗　　　红花　　　笑脸

这5张图画上的东西什么地方不一样？讨论中应要求幼儿动脑筋互相补充。在幼儿说出它的名称、颜色以及摆的样子都不一样以后，教师再提出问题：这5张图有这么多不一样的地方，那么有没有一样的地方？什么地方一样？这个问题的目的是引导幼儿从数量方面找出它们的共同点，也就是引导幼儿排除对象的各种外部因素的干扰而抽象出数量方面的共同特征，这是达到数守恒的本质要求。对此，正确的回答是：它们的数是一样的，都是5。如果经过反复提问和等待实在无人能作答，教师可进行较具体的启发提问：数数看，它们的数一样不一样？此后，教师应逐个请出小朋友让他们前来计数每张图片中的物体数量以证明他们的数是一样的，都是5个。

第五单元　幼儿数概念的教育

（三）学习接数和倒数的方法

学习接数和倒数是大班幼儿基数教学的内容。接数是从 10 以内任何一个数开始顺接数至 10。倒数是从 10 倒数至 1。大班幼儿的接数和倒数则起着巩固掌握 10 以内数的作用，并有利于学习相邻数和加减运算。学习接数和倒数应先学习 10 以内的顺接数，再学习倒数，最后进行倒接数。

以下是几种学习接数和倒数常用的方法：

1. 卡片游戏

运用卡片学习顺接数，是由教师拿出一张卡片（圆点或数字），让幼儿拿出该数以后的卡片，并口头说出排列的结果等。

运用卡片进行倒数，可发给每个幼儿一套卡片，每套 10 张，可以是 1~10 的数字卡片，也可以是 1~10 的圆点卡片。把卡片的顺序打乱，让幼儿把这些卡片按从 1 到 10 的顺序，从左到右排好后，再将卡片打乱，要求幼儿从 10 到 1 地从左至右排好。还可以增加游戏的竞赛性质，"看谁排得又快又对"，由教师统一发出开始的信号。排好后可让幼儿口头说出他所排的数的顺序。

2. 口头游戏

不用教具，用口头练习倒数、顺接数或倒接数。例如，要求幼儿按照教师说出的一个数，接着数到 10 或倒着数到 1。

3. 拍手游戏

由教师先拍几下手，请小朋友接着拍手拍到 10。游戏开始前，要向小朋友说明，请他们接着拍到几，以免引起混乱。

（四）认识三个相邻数及自然数列的等差关系的方法

认识三个相邻数及自然数列的等差关系是大班幼儿认识 10 以内基数的主要内容。有了中班学习两个集合的比较和转换懂得了相邻两数的多 1 和少 1 的基础，大班幼儿学习三个相邻数及自然数列的等差关系，就比较顺利了。

认识三个相邻数，不仅要知道 10 以内某数（除 1 以外）的前面一个数和后面一个数是什么，更为重要的是，要使幼儿知道它们之间的关系，中间一个数比前面一个数多 1，比后面一个数少 1。

三个相邻数的教学，一般应先复习两个相邻数的比较，再进行三个相邻数的比较。直观教具摆成横式为宜，以便对应比较。以认识3的相邻数为例：

第一步，先在绒布上贴出对应并置的两排圆片2和3，让幼儿比较后明确3比2多1，2比3少1。

第二步，在3的下面贴出第三排4个圆片，让幼儿比较第二排和第三排的圆片数量，明确4比3多1，3比4少1。

第三步，进行三个数之间的连续比较。以中间一个数为主，先与前面一个数比，再与后面一个数比，3比2多1，3比4少1，3的"邻居"是2和4。

教幼儿认识三个相邻数及其关系，应从直观入手结合数字进行。从数2开始逐个数进行。教5以内相邻数时进展要慢些，多做练习，让幼儿掌握比较相邻数的规律（先比前面一个数，再比后面一个数）。在这个基础上进行6 10 相邻数的教学，不仅进度可以加快，而且可以用启发探索的方法，促进幼儿运用相邻数的规律去认识新的相邻数，促进幼儿知识的正迁移和推理能力的发展。

示范教案3

授课科目：幼儿园数学教育	授课班级：小班	授课教师：
活动名称：认识数字3		

活动目标：

1. 能够理解"3"的实际意义，即数字"3"能表示3个物体，3个物体用数字"3"表示。

2. 学会点数物体，知道2和3是相邻关系，初步掌握数字"3"的读与写。

3. 懂得相互帮助、善待别人的道理。

第五单元 幼儿数概念的教育

续表

授课科目：幼儿园数学教育	授课班级：小班	授课教师：
活动重点：理解数字"3"能表示3个物体，3个物体用数字"3"表示。（选填）		
活动难点：知道2和3的相邻关系。（选填）		
物质准备：大树爷爷的图片1张、小鸟图片3张、小猴图片3张、小狐狸图片3张，5组材料包（数字卡片1、2、3，4种水果卡片，每种水果数量不超过3个。）		

活动过程：

一、开始部分。

　　在黑板上出示大树爷爷的图片，说明大树爷爷过生日了。

二、基本部分。

第一层次：相邻数字的关系。

　　在黑板上大树爷爷的右上方出示三只小鸟图片，说明三只小鸟为大树爷爷庆祝生日，老师邀请幼儿一起数一数三只小鸟，教师示范，让幼儿按物点数并说出总数。提示幼儿用数字"3"表示，老师在黑板上写出"3"。

　　其中一只小鸟飞走了，它要告诉其他伙伴，这时黑板上剩下几只小鸟，老师带领幼儿数一数，问幼儿用数字几表示，答案是用数字"2"表示。飞走的小鸟又回来了，黑板上又一共有三只小鸟。教师用图片和数字讲解3比2多1，2比3少1。

第二层次：从具体事物中抽象出"3"。

　　三只小猴为大树爷爷庆祝生日，相继在大树的左下方出示三只小猴的图片，引导幼儿说出"表示三只小猴，也用数字'3'表示。"

　　因为平时大树爷爷对狐狸非常好，为他们遮风挡雨，感动了小狐狸，所以三只小狐狸也为大树爷爷庆祝生日，用数字"3"表示三个小狐狸。教育幼儿要懂得善待别人的道理。

第三层次："3"的读写。

　　老师示范数字"3"的读音和写法。幼儿跟读、跟写。

授课科目：幼儿园数学教育	授课班级：小班	授课教师：

三、结束部分。

1. 教师分发材料包（数字卡片1、2、3，象形卡及水果卡片若干张），告诉幼儿"我们帮小动物们"为大树爷爷挑选生日礼物。老师分别拿出数字"1""2""3"，让幼儿在材料包里找出相应数量的礼物，老师要注意观察并引导幼儿，所拿的礼物数量既要和卡片数字相一致，又是相同图片。（按数取物）

2. 老师出示1个、2个、3个图片，幼儿举出相应的数字卡片。（按物取数）

3. 师生小结：生活中还有许多东西都可以用数字来表示，请幼儿说说你的家里都有哪些物品，请用数字来表示。例：我家有1台冰箱，2张桌子……

四、活动延伸。

在数学领域中设置一些和数量3有关的实物。

教案评析：

自然数有基数和序数双重意义，"认识数字3"这节课，是幼儿认识基数的开始，对幼儿数概念的形成尤为重要。本节课创设教学情境，让幼儿知道三只小鸟、三只小猴、三只小狐狸都可以用数字"3"表示，3还可以表示三个桃子、三个苹果等，把对1、2、3数字的感知与故事情节有机地结合在一起，为幼儿今后认识"4""5"……奠定了基础，也为幼儿提供了举一反三学习的方法。

第三课　序数的教学

序数是表示集合中次序的数。认识序数要以认识基数为基础，因此，幼儿认识序数的教学，一般安排在学习10以内基数以后。它是中班数学教育的内容。

第五单元　幼儿数概念的教育

一、教学要求（中班）

（1）使幼儿理解序数的含义，能用序数数词正确表示 10 以内物体排列的次序。

（2）会从不同方向（从左到右、从右到左、从上到下、从下到上）确认物体的排列次序。

二、教学方法

学习序数不像学习基数那样逐个数地形成概念，在幼儿掌握了 10 以内初步数概念及数序的基础上，可分两段集中学习 10 以内序数。先学习 5 以内序数，再学习 10 以内序数。

1. 运用直观教具向幼儿讲清序数的含义

例如，教师先告诉幼儿今天要玩"给动物排队"的游戏，同时摆出 5 个小动物玩具，请幼儿说出它们的名字并数一数一共有几个小动物，然后边挪动小动物边说："我从左边开始排，请小狗排在第一位，请小熊排在第二位，请小猴排在第三位，请大象排在第四位。"接着可请个别小朋友回答教师提出的"×××排在第几位？"的问题，以巩固对序数的认识。然后，可改变玩具的位置，或请其他小朋友来排列和提问等，改变方式继续进行游戏。

可以再出现 5 所玩具小房子，进行什么动物住在第几幢房子的游戏，再一次练习 5 以内的序数。在幼儿初步掌握了序数词的基础上，应引导幼儿对基数和序数进行比较并做出区别，可以问幼儿"有几个"和"第几个"的问题一样不一样？为什么不一样？最后教师应当做出总结，强调说明"有几个"是问东西一共有多少，"第几个"是问什么东西排在第几个位置上，从而使幼儿明确掌握序数的含义。

2. 教幼儿用计数的方法确定序数

在学习 10 以内序数时，往往不易立即说出物体在第几位置上，对此教师应告诉幼儿用计数的方法来确定，从第一开始数，第二、第三……

3. 向幼儿说明确定序数的方向

物体排列的位置可因起始的方向而不同。教幼儿学习序数，应注意说明从什么方向开始，如果从左到右，排在最左边的是第一，反之最右边的是第一；楼房的层次应从下面开始，最下面的是第一层；小朋友爬山，最高的是第一；小动物赛跑，跑在最前面的是第一……先学习从左往右的排列顺序，再学习其他方向的排列顺序，最后再进行综合练习。

4. 通过操作和游戏活动进行练习

例如，发给幼儿每人 5 张不同小动物的卡片和一张 5 层楼房的卡片。小朋友按"请×××动物住在第几层"的要求，将动物卡片放到楼房卡片的第几层上，或者按要求将动物排好次序等。还可以组织幼儿玩"换位置"的游戏，先请几位小朋友到前面依次排好，请小朋友记住他们的排列次序，然后请大家闭上眼睛，教师调换其中两个小朋友的位置，让幼儿判断第几位小朋友和第几位小朋友换了位置等。

5. 结合其他各科教学和日常生活进行练习

语言教学中请幼儿讲述第几张图片，体育竞赛中的第一名、第二名，日常生活中教师请每组第一个孩子做值日生，等等，都是进行序数练习的好机会，教师应结合这些情况，自然地进行序数练习。

三、教学中应注意的问题

1. 教具排列多样性

序数教学时教具可以横的、竖的单排排列，也可以表格式的排列，这样有助于幼儿学会从不同方向确定物体的排列顺序。

2. 用一定的标记显示序数的位置

（1）用同类不同的动物，如鸡、鸭、兔、狗等显示序数的位置。

（2）同类物体以颜色和形状的不同显示序数的位置。

（3）用数字显示序数位置。

（4）用格子、线条等显示序数位置。

第五单元 幼儿数概念的教育

示范教案 4

授课科目：幼儿园数学教育	授课班级：中班	设计教师：

活动名称：认识 5 以内的序数

活动目标：
1. 认识 5 以内的序数，会用数词描述事物的排列顺序和位置。
2. 能从不同方向（前后、高低、左右）确定物体的排列次序。
3. 培养幼儿遵守公共秩序、尊老爱幼的良好习惯。

活动重点：会用数词描述事物的排列顺序和位置。（选填）

活动难点：按左右方向确定物体的排列次序。（选填）

物质准备：
 1. 教具：公共汽车图片、高山图片，山顶上有一面小红旗。有三层楼房图 1 幅，幼儿熟悉的小动物图片 5 张：小狗、小猫、小兔、小猪、小猴。
 2. 幼儿每人一份操作材料：5 只不同的小动物（贴有双面胶），画有 5 节车厢的火车图卡。

活动过程：
一、开始部分。
 教师问幼儿：你们坐过公共汽车吗？等车的时候排队吗？在车上给老爷爷、老奶奶让座吗？
 引导幼儿懂得遵守公共秩序、尊敬老人的道理。

授课科目：幼儿园数学教育	授课班级：中班	设计教师：

二、基本部分。

第一层次：教学从前往后数。

出示公共汽车图片，小狗、小猫、小兔、小猪、小猴去爬山，正在排队等公共汽车。它们分别排在第一、第二、第三、第四、第五位。公共汽车进站了，小动物们上车了，5个小动物分别坐在第一、第二、第三、第四、第五个座位（教师有意调换了小动物们排队时的次序，例如，小狗坐在第三个座位上）。

第二层次：教学从上往下数。

教师出示一张高山的图画，山顶上有一面小红旗，并说明小动物们坐着公共汽车来到山脚下，他们开始爬山比赛。小猴爬得最高，（从上往下数）第一名是小猴，第二名是小狗，第三名是小猫，第四名是小兔，第五名是小猪。教师随意指着某个小动物，幼儿回答这个小动物现在排第几。

第三层次：教学从左往右、从右往左数。

天黑了，小动物们爬山以后，回到了自己的家里。教师出示三层楼房图。

请幼儿说说有哪些小动物，住在第几层，从左往右第几间，从右往左第几间。（左右数房间时，教师要伴着夸张的手势指示方向）

三、结束部分。

1. 游戏："排队"。

游戏玩法：音乐响起，全体幼儿自由活动，音乐停，5个小朋友迅速手拉手站在一排，然后以最左边或最右边一个幼儿为首，小朋友观察自己的位置，说说"我排第×"。

2. 师生小结。

要确定自己数的物体是第几，一定要先注意方向，看看是从前往后数还是从上往下数，或是从左往右、从右往左数。

四、活动延伸。

请小朋友回去后，看一看你们家住在楼房的第几层，从左往右、从右往左数是第几家，明天和大家一起分享。

> **教案评析：**
>
> 　　序数教学要强调方向性。本节课从前后、上下、左右三个层次，根据幼儿熟悉的日常生活创设了情境，分别安排了从前往后数、从上往下数、从左往右和从右往左数三个层次的教学内容，遵循了从易到难、循序渐进的教学原则。从第一层次到第三层次中，始终突出了让幼儿"会用数词描述事物的排列顺序和位置"的教学重点。从左往右、从右往左数是本节课的教学难点，教案中提示教师要有夸张的动作表示数的方向，能够有效地降低幼儿学习难度，突破教学难点。

第四课　数的认读和书写教学

　　数字是表示数的一种符号。幼儿学习认读和书写数字能巩固对 10 以内数的认识，提高对数抽象性的理解。数字所表示的物体数量就是数的实际含义，学习数字认读和书写应在理解数的实际含义的基础上进行。因此，中班幼儿可结合认识 10 以内数的认读理解 10 以内数字，大班幼儿再学习书写数字。

一、教学要求

　　中班：能认读 1—10 阿拉伯数字，并能用数字正确表示 10 以内物体的数量。

　　大班：学习正确书写阿拉伯数字，掌握正确的笔顺，字迹工整、规范，姿势和握笔方法正确。

二、教学方法

（一）认读阿拉伯数字 1—10

1. 利用多种教具进行数数，出示数字符号进行讲解

　　例如，认识数字"3"，出示教具"一个盘子里装有 3 个苹果"，让幼儿数数并回答，这是 3 个苹果，再出示教具 "一个图片画有 3 个梨"。然后教师小结："3 个苹果、3 个梨，我们都可以用数字 3 来表示。"边讲边出示数字 3 的卡片，贴于教具旁边。接着，教师还应通过一些例子进一步讲解数字所表示的意义。如 "3" 还可以表示 3 个小朋友、3 张桌子……最后请幼儿来说说 "3" 还可以表示什么物体。这样就把 "每个自然数是表示一类等价的非空有限集合的共同特征的标记" 的含义基本讲解清楚了。

2. 通过形象的比喻让幼儿记住字形

当数字符号出示之后，教师可利用幼儿所熟悉的事物，与数形象进行比较。如 "1" 像小棒，"2" 像鸭子，"3" 像耳朵，"4" 像小旗，"5" 像秤钩，"6" 像哨子，"7" 像拐杖，"8" 像麻花，"9" 像气球，"10" 像小棒和鸡蛋。这样有利于幼儿记住字形。

3. 让幼儿跟读，念准字音

在讲清数字含义、初步认识数字的基础上，让幼儿准确地跟老师读准字音，特别是一些平翘舌音。如 "3"（san）幼儿易读（shan），"4"（si）幼儿易读（shi）。

4. 多种形式地练习巩固对数字的认识和理解

例如，教师念数，让幼儿找出相应的数字卡片；再如，在很多数字卡片中，对某一个数字涂上颜色，以巩固幼儿对数字的认识。

（二）书写阿拉伯数字 1~20

教幼儿书写 1~20 阿拉伯数字亦在大班开始。

1. 讲解示范正确书写阿拉伯数字的姿势及要领

主要讲解示范以下内容：

（1）书写姿势。正确的书写姿势十分重要，它是写好数字的前提，有利于保护幼儿的视力及身体正常发育。应从开始学习书写时就要求严格，并坚持下去。为此，教师应讲解并示范坐姿及握笔要领。坐时两脚自然平放地下，身子坐正，头要直，胸部和桌边保持一定距离（约一拳远），纸放正，左手轻按纸，右手握笔；握笔要领（大、食、中指），手指握笔部位约离笔尖两手指宽，小指轻触纸面作为支点等。

第五单元 幼儿数概念的教育

（2）书写格式及笔顺。幼儿学习书写数字，应运用日字格。先用范例，说明书写格式及格式的上下左右部位，字体要写满上下两格，但不要出格。然后再讲解书写的顺序，从何处起笔，向什么方向运动，如何拐弯儿等。讲解后要做出示范。

2. 幼儿书写练习

（1）书写练习。教师进行了讲解示范以后，先带领幼儿做书写练习。让幼儿用右手食指跟着老师在黑板上的书写动作做书写练习，或在本子的范体字上书写两遍，以熟悉笔顺和笔画。

（2）试写。书写练习后，再请12名幼儿在黑板上试写。黑板上要打好日字格并写好范体字，10以后的数字，让幼儿模拟10的格式来写。然后和全体幼儿评论试写者所写数字的优缺点，再一次帮助幼儿掌握书写要领。

（3）书写练习。经过书写、试写练习，每个幼儿开始自己练习书写。初写时，应先用模字本，让幼儿用笔在模字上写字，这样可以帮助幼儿较快地掌握书写数字的格式和要领并养成规范书写的习惯，以后再独立用日字格书写。幼儿书写时教师要检查幼儿的姿势及笔顺等，及时纠正不正确的地方。

第五课 10以内数组成教学

数的组成是指数的结构，包括分解与分组两个过程。2以上每个数都可以分成两个或两个以上的部分数。对幼儿来说，他们只要会将某个数分成两个部分数，再将两个部分数合起来是原来的这个数就可以了。

学习数的组成可使幼儿理解整体与部分、部分与部分之间的关系，从而加深对数概念的理解，并为学习加减运算打基础。

一、教学要求

（1）让幼儿理解数的组成的含义，知道2以上各数都可以分成两个数，两个数合起来就是原来的数。

（2）懂得一个数和它分出的两个数之间的关系，即一个数比它分成的两个数都大，分成的两个数都比原来的数小。

（3）懂得分成的两个数之间的互补和互换关系，并掌握 10 以内各数的全部组成形式。

二、教学方法

（一）数的分与合的教学

幼儿学习数的组成最好是让他们动手操作，在操作过程中逐步体会到一个数可以分成两个数，两个数合起来就得到原来这个数。开始学习时，教师应讲解演示，使幼儿逐步理解数的组成的含义，掌握组成形式。

例如，学习 2 的组成时，给幼儿 2 粒糖、2 只盘子，教师再演示讲解，让幼儿学习 2 可以分成 1 和 1，1 和 1 合起来就是 2。再如，学习 4 的组成，给幼儿 4 只塑料苹果，要求他们分给小狗和小兔吃。先让幼儿动手操作，要求分的与别人不一样。然后根据幼儿操作情况，教师进行讲解演示，出示教具图，左边为小狗，右边为小兔，边上再空一部分，准备组成时的式子用，教师请幼儿回答自己分的情况。

在幼儿初步了解数的分与合的含义之后，教师可以减少讲解演示，多为幼儿提供适当的学具，让幼儿在操作中自己学习数的组成形式。

例如，教 5 的组成，给幼儿每人 5 个塑料花片和 1 张纸。花片正面是红色，反面是蓝色。一张纸的三分之二处画一直线，并在三分之二处的左上角画红色圆点，右上角画蓝色圆点，三分之一部分的上面写有数字 5 和分组的符号。如图：

第一步让幼儿玩撒花片，每撒一次后数数 5 片花中有几片红色、几片蓝色。第二步把数的结果分别记录在红圆点、蓝圆点的记号下，用画圆圈的方式表示数量。第三步在  的符号下分别用数字表示旁边红点下、蓝点下的圆圈数量。接着重复以上步骤。

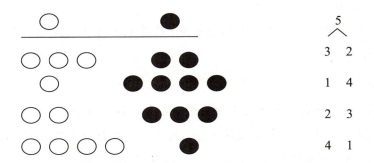

最后，请幼儿把自己分的几种形式告诉大家。教师根据幼儿分的形式演示于黑板上，并按次序排列整齐，进行总结，让幼儿掌握5的几种分合方式。

（二）各种游戏活动

1. 口头练习

1）对数

例如，在练习5的组成时，可让老师说出一个数，要求幼儿再说出一个数，正好与老师说的数合起来是5。老师说："我说3。"幼儿说："我说2。"等等。

2）儿歌

例如，老师说："一袋苹果一袋梨，苹果和梨共5个，4个苹果几个梨？"幼儿说："4个苹果1个梨。"可结合拍手动作进行。

2. 找数练习

1）举数卡

每人一套1~10的数字卡片，老师也有一套。老师向幼儿提出要求："我出一张卡片，你们找一张卡片，正好与老师找的卡片上的数字合起来是8。"老师举3，幼儿找出5举起来……

2）找位置

每人一张数字卡，每张椅子上也有写着10以内数字的一张数字卡，要求幼儿找一个位置上的数字与自己拿的数字合起来是老师当时出示的数字。例如，老师出示数字5，这些卡片是3的幼儿要找位置上的数字是2的位置坐下，自己卡片是1的要找位置上是4的位置坐下……

3）找朋友

每人10以内数卡一张,老师出示9,持数卡4的幼儿去找一个持数卡5的幼儿为好朋友……

3. 涂色练习

例如,每人分有一张画有小兔的纸,小兔身体各部分写上3和2或1和4,在小兔的周围用线条分割成几部分,每部分上都有一组两个数合起来不是5的式子,然后要求幼儿在合起来是5的地方涂上喜欢的颜色,涂对了有小动物出来与你做朋友,涂错了它就不出来了。

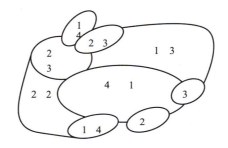

4. 填空练习

要求幼儿用填写数字的方法练习组成(见下图)。幼儿学习书写数字以后可以多用填空练习。

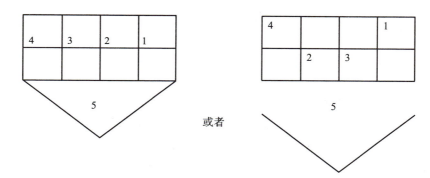

三、教学中应注意的问题

第一,学习一个数的组成,首先要让幼儿感知这个数。例如,教5的组成,先出示5个教具,然后在这5个教具中进行分与合的练习。如果是出示数字，则应先出示数字 5，使幼儿感知到是进行 5 的分与合。

第二，在教一个数的组成时一定要既讲分也讲合，并且使幼儿对这个数有一个完整的分合方式的概念。在复习过程中就不必强调这些了。

第三，在数的组成教学中，从实物的分合到数的分合要正确用语言表述。例如，3 的组成，3 个苹果分成 2 个和 1 个，3 可以分成 2 和 1；2 个和 1 个合起来是 3 个，2 和 1 合起来就是 3。

示范教案 5

授课科目：幼儿园数学教育	授课班级：大班	授课教师：
活动名称：10 以内数的分解组成		
活动目标： 1. 引导幼儿通过动手操作，学习 10 的分解组成，知道 10 可以由 1、2、3、4、5、6、7、8、9 这九个数中其中的两个数组成。 2. 在感知数的分解组成的基础上，掌握数组成的递增、递减规律和互相交换的规律。 3. 发展幼儿观察力、分析力，培养幼儿逻辑思维能力和对数学的兴趣。		
活动重点：感知整体与部分的关系，学习并记录 10 的 9 种分法。（选填）		
活动难点：总结归纳 10 以内数的分解和组成规律。（选填）		
物质准备： 　　矿泉水瓶若干个、废报纸球 10 个、铅笔、记录单、数字卡片。		
活动过程： 一、开始部分。 　　复习 9 的组成，教师出示数字卡片，问：这是数字宝宝几？（9）		

授课科目：幼儿园数学教育	授课班级：大班	授课教师：

现在我们玩一个游戏，老师出示一个数字卡片，看看哪个小朋友最快说出哪个数字与老师手里的卡片上的数字合起来是9。

例如：老师出示6卡片，谁与6合起来是9，3与6合起来是9。

二、基本部分。

第一层次：幼儿用手指表示10的分解组合。

教师引导幼儿伸出双手（和老师一起伸手指数数）。伸出10根手指，提问1和9合在一起是多少呢？2和8？3和7？4和6？5和5？（个别幼儿回答，教师适时鼓励）我们还可以这样说：10可以分成1和9，9和1……

第二层次：玩游戏——打保龄球。

幼儿动手操作，把10个矿泉水瓶摆成一排，用废报纸球去打水瓶，让幼儿观察打倒了几个？还有几个没打倒？这样合起来有几个？例如，打倒4个，没打倒6，4和6可以组成10（记一记，思考10的多种分法）。

1. 把幼儿分成4组，每5人一组。

2. 每组请一名幼儿做记录，其余幼儿动手操作。

3. 教师总结10的9种分法引导幼儿观察10的分解式，发现总结10以内数分解组成规律：除1以外，每个数分法的种类都比本身少1；把一个数分解成两个较小的数，所分成的两个数合起来就是原来的数，即整体大于部分；把一个数分成两部分，如果一部分增加1，另外一部分就减少1，即递增递减规律、交换规律。

第三层次：趣味练习。

教师引导幼儿口述《10的分解组成口诀》

三、结束部分。

1. 让幼儿到数学区玩"分食物"游戏。在活动区投放大猫小猫盘子两个，大狗小狗盘子两个，10条鱼，10根骨肉等学具，让幼儿给动物分食物，并记录。

2. 师生小结：幼儿齐读《10的分解组成口诀》，分组到室外组织打球比赛，巩固对10的分解和组成。

续表

| 授课科目：幼儿园数学教育 | 授课班级：大班 | 授课教师： |

四、活动延伸。
　　回家把今天学习 10 的组成说给爸爸妈妈听，比比谁的办法更好。

教案评析：
　　本节课从幼儿已有知识出发，结合幼儿的生活实际和年龄特点，创设生动有趣的故事情境，让幼儿通过摆一摆、记一记、说一说等生动有趣的活动，自主尝试探索，学习并掌握了 10 的 9 种分法，幼儿能用较为清楚的语言表达分与合的过程。在此基础上，还发现和总结出 10 以内数的分解和组成规律。活动中，幼儿表现出浓厚的兴趣，又体验到了成功的喜悦。

第六课　幼儿 10 以内数的加减运算

一、幼儿加减运算能力发展的特点

（一）幼儿加减运算能力发展的一般过程

1. 从实物加减过渡到用符号运算

实物加减是以实物和图片等直观教具为工具，让幼儿进行加减运算。即让幼儿根据运算要求，看着实物和图片等直观教具算出得数，不出示或不说运算中的符号。例如，"树上飞来 2 只小鸟（出示小鸟图片 2 张），后来又飞来 1 只小鸟（出示小鸟图片 1 张），问：树上现在有几只小鸟？"幼儿回答"有 3 只小鸟"就可以了。

幼儿在日常生活中早就接触到实物的加减运算，也较早地理解了如上述的这种实物加减运算，他们看着实物教具（小鸟）会很快、较准确地说出现在树上有 3 只小鸟。但如果口说"加""减""等于"这些符号名称时，幼儿就难以理解了。例如，问幼儿"2 只小鸟加上 1 只小鸟，等于几只小鸟？"幼儿会"1只""2只"地乱说一通，他们不理解"加""减""等于"这些符号的含义，因为这些符号是很抽象的。

2. 从口头应用题的运算过渡到式题的运算

应用题的运算要求学生根据应用题的已知条件、未知条件进行分析、判断，然后排出算式再进行运算。而式题，只要根据式题中的数字及运算符号，直接进行运算就可以了。因此，对中、小学生来讲，学习式题运算比应用题运算来得容易。但对幼儿来讲就不同了，他们学习加减运算是从应用题开始的，由于他们不认识文字，因此学习的是口头应用题。应用题由情节和数量关系两大部分构成。从心理学观点看，应用题的情节为幼儿的表象活动提供了素材，它和纯粹用数字与符号组成的加减式题最明显的区别就是应用题寓加减问题于情景之中。幼儿借助于应用题的情节，引起头脑中对过去熟悉的生活情境的回忆，唤起头脑中积极的表象，从而帮助幼儿理解题意和数量关系，这正符合幼儿思维借助于具体形象的普遍特点。口头或书面的式题运算是一种较抽象的属概念水平的运算，对幼儿来讲要比学习口头应用题难多了。另外，口头应用题的这种情景性和趣味性，能引起幼儿学习的兴趣，他会积极地分析应用题的意思，排出算式进行运算。这无论在认知方面还是在情感方面都为学习式题的运算打下了基础。

3. 从加法运算过渡到减法运算

幼儿在学习加减运算时，先学会理解的是加法运算，学习减法要难于加法。

幼儿最初学习加减运算时，是运用逐一计数的方法进行的，即运用顺着数和倒数的方法来计算。在加法运算时用顺着数的方法来解决，而减法运算时用倒着数的方法才能解决。而顺着数容易，倒着数难，因而幼儿学习加法比学习减法来得容易。

（二）幼儿加减运算的一般教学方法

1. 学习描述和模仿自编口述应用题，让幼儿获得了加减法和应用题结构的感性经验

积累加减的感性经验，是学习加减法的最初一步。幼儿学习描述和模仿

自编口述应用题不宜从理解抽象的应用题结构开始，应从描述和模仿开始，并且宜用小数量（4以内数）进行。

2. 借助直观教具和口述应用题讲明加法和减法的含义

讲明加减法的含义，就是不仅让幼儿知道"加法""减法"词汇，而且懂得什么是加法、什么是减法。

1）学习加法

学习加法，就是向幼儿说明，把两个数合在一起，求出一共是多少，是加法。要在具体的实例中、具体的情节中讲加法，不要向幼儿灌输"又飞来了""又拿来了"等这样的词语用加法。"又飞走了""又拿走了"有时也用加法算式，不要模式化。

例如，教师请一位小朋友拿出两朵花站在前面，再请另一位小朋友拿一朵花并排站好，教师说："小明有2朵花，小军有1朵花，他们一共有几朵花？"幼儿回答一共有3朵花后，教师鼓励幼儿算得对，教师应进一步通过活动显示加法的含义，教师边将两位小朋友的花合并握在一只手中，边说明："要算出一共有几朵花，就要把两个小朋友的花合在一起，就是2朵花加上1朵花，一共有3朵花，用的是加法。"这样幼儿既看到了两个数合并的过程，又看到了合并的结果，具体地理解了加法的含义。

在实物演示的基础上，可再用绒布教具或图片等，让幼儿继续理解加法的含义。

2）学习减法

学习减法，要向幼儿说明从一个数里去掉一部分，求还剩多少，就是减法。要利用具体实例、具体情境讲解减法的意义。

例如，教师请一位小朋友拿着3朵花站在前面，然后请这位小朋友送1朵花给老师（或送给另一位小朋友），并说："小明原来有3朵小花，送给我1朵，小明还剩几朵花？"幼儿做出回答后，教师着重向幼儿说明，3朵花，送掉了1朵，求还剩几朵，就要从3朵里面减掉1朵，还剩2朵，就用减法。且不可看到诸如"又飞走了""拿走了""吃掉了"等词语就用减法的模式进行教学。因为像小明送给一个小朋友1朵花，又送给另一个小朋友2朵小花，小明共送走几朵花，是用加法计算的。所以，一定要幼儿养成具体问题具体分析的好习惯。

为了调动幼儿思维的积极性，编题后，可以让幼儿以讨论的方式加深对减法含义的理解。例如，幼儿看着教师演示：先贴出4架贴绒教具飞机，后飞走了1架，编题："飞机场上停着4架飞机，飞走了1架，飞机场上还有几架飞机？"教师可用"飞机场上还剩几架飞机""用什么方法算的？""为什么用减法？"等一系列问题，引导幼儿理解减法的含义。

对加减法及其含义的理解，是幼儿迈向理性学习加减的开端。先学习对加减含义的理解，幼儿负担不重，容易掌握。但理解加减法的含义与认识加减法符号及算式的联系密切而自然，两者也可结合进行，这取决于幼儿的接受能力。

3. 教幼儿认识加号、减号和等号及算式

幼儿理解了加减含义后，可以教幼儿认识加减符号、等号和算式。这时仍在4以内，加减数量不超过1的小数量进行。下面以教幼儿认识加号、等号及加法算式为例进行说明：

教师先通过直观教具的演示和口述应用题，向幼儿说明把两个数合在一起，求出一共是多少，用加法后，就向幼儿介绍"＋""＝"符号和加法算式所代表的意思。

例如，教师边讲述应用题边出示绒布教具，"花丛里有3只蝴蝶，又飞来了1只，花丛里一共有几只蝴蝶？"幼儿忙回答一共有4只蝴蝶。接着教师分析运算方法，出示运算符并进行介绍。加法里有个符号叫作加号，表示合起来的意思，放在两个数的中间，最后出示等号，表示两边一样多，然后列出算式：3＋1＝4。在出示运算符号进行介绍的过程中，教师应讲清符号的名称、意义、读法及在算式中的位置等问题。

教师再继续用不同的口述应用题，引导幼儿正确地运用符号列出算式，巩固和练习算式中每个符号代表的意思，并要求用数的组成知识算出得数。

用同样的方法帮助幼儿认识减号，学会减法算式。

当幼儿理解了加减法的意义并会熟练地进行列式运算后，教师在加减运算的教学过程中，分析题意的一系列问题可以少问甚至不问。教师编题之后，让幼儿排列算式，讲出算式中每个数的含义就可以了。有时只要幼儿排出算

式就可以，其重点在于训练加减运算的准确性及速度。

4. 用数的组成学习加减的方法

经过自编口述应用题的学习，幼儿不仅理解了加减含义、符号和算式，而且为理解抽象的数量关系准备了较为充分的感性基础。同时随着幼儿年龄的发展，其思维抽象水平也有了提高。因此，教幼儿学习数的组成，使之成为抽象加减运算的基础，可提高幼儿运算的思维水平，为入学做好准备。

用数的组成学习加减，可以这样进行：

（1）学习某数的组成，如 2 的组成、3 的组成等。学习数的组成是作为加减运算的工具和基础。为此，需将数的组成学习与加减学习紧密地结合起来。

（2）数的组成向加减过渡。如何使数的组成成为加减运算的基础，或者说如何使数的组成的学习与加减运算结合起来，发挥其工具和基础的作用，关键在于教师的正确引导。

在幼儿学习某数的组成后，教师应要求幼儿用该数的组成列出加法和减法的算式，可采用与幼儿共同讨论的方法，做出示范。例如，学习了 2 的组成（2 可以分成 1 和 1，1 和 1 合起来是 2）后，教师问幼儿：谁能把 2 分成 1 和 1 的分合式，列出一个加法算式？请出一位小朋友作答后，教师将幼儿的回答写在黑板上，或请小朋友用绒布教具摆出算式（1 + 1 = 2），如果无人能答，教师需予以讲解：2 可以分成 1 和 1，1 和 1 合起来是 2，所以可以列出这样的算式，边说边在黑板上写出或在绒布板上摆出算式 1 + 1 = 2。然后请每位小朋友用人手一套的数字及符号卡片，自己摆出这个加法算式，通过操作进行练习。

再用同样的方法，让幼儿探索组成与减法的联系。

示范教案 6

授课科目：幼儿园数学教育	授课班级：大班	设计教师：
活动名称：购物（10 以内的加减法）		

续表

授课科目：幼儿园数学教育	授课班级：大班	设计教师：

活动目标：

1. 能通过结账这一活动进行 10 以内的加减运算，并初步感知钱币的换算关系。
2. 能将自己购买的实物用文字的形式记录在表格内。
3. 学习做文明顾客，爱惜商品，轻拿轻放。

活动重点： 熟练掌握 10 以内加减法。（选填）

活动难点： 初步感知钱币的兑换关系（如 5 个 1 元换 1 个 5 元）。（选填）

物质准备：

1. 玩具钞票（面值均为 1 元、2 元和 5 元）若干。
2. 商店（商品分别贴上 1~10 元不同价格的标签）。
3. 记录单若干。
4. 投影仪。

活动过程：

一、开始部分。

教师为幼儿创设将要出游的情境，引导幼儿一起去商店买吃的，从而引出本活动的主题。

师：今天的天气非常好，我们一起去郊游吧。小朋友们都想带些什么东西去郊游呢？我们一起去超市购物吧！

二、基本部分。

第一层次：逛超市。

教师将玩具钞票分给幼儿，每人 10 元。教师向幼儿交代购物要求。

师：小朋友们，商店到啦，你们可以自由选择商品，但购买商品的总价格不能超过 10 元。在选购商品时，我们要做文明顾客，轻拿轻放，并自己到收款台交款。教师在交款台监督幼儿交款，重点指导幼儿换算钱币。

续表

授课科目：幼儿园数学教育	授课班级：大班	设计教师：

第二层次：填表、运算。

教师要求全体幼儿思考：自己花了多少钱？还剩多少钱？

教师发给每个幼儿一张表，上面有所有商品的名称和价格，每项都对应一个空格。提示幼儿将已经购买的物品在对应的名称及价格的空格里，填写价钱。教师巡回指导。

第三层次：加减法练习。

教师将其中几组的购物表格用幻灯片放映，引导幼儿练习加法运算。再根据现有的表格除去其中的几样商品，引导幼儿练习减法运算。

购物表样

商品名称	价格	已购买商品
香蕉	4元	
糖	1元	
香肠	2元	
薯片	8元	
面包	5元	
苹果	3元	
矿泉水	2元	
雪饼	6元	
合计		

6 + 2 = (　　)　　1 + 8 = (　　)　　5 + 3 = (　　)　　2 + 4 = (　　)

8 − 2 = (　　)　　6 − 1 = (　　)　　4 − 3 = (　　)　　5 − 2 = (　　)

三、结束部分。

1. 游戏"开火车"，巩固10以内加减法的运算。

玩法：老师出示式题卡（如4 + 3 = ；9 − 2 =），同时口念："嘿嘿，我们的火车几点开？"幼儿计算得数，同时对念："嘿嘿，我们的火车××点开。"然后，师生双手握拳，在胸前交叉齐做开火车的动作。游戏反复进行。

续表

授课科目：幼儿园数学教育	授课班级：大班	设计教师：

2. 师生小结。

教师总结用记录单记录下购物情况这种方法，并引导幼儿讨论其好处。

四、活动延伸。

在活动中，幼儿可以继续购物活动，感知钱币的换算关系。

教案评析：

本活动遵循《指南》中"能通过实物操作或其他方法进行10以内加减运算"的目标开展。活动初期，教师创设的情境激发了幼儿参与的积极性，为后续活动的开展奠定了基础。在购物这一环节中，教师的要求又为后面的运算打下了基础。钱币换算是教学的难点，因此，教师着重抓住幼儿交钱这一环节，不失时机地指导幼儿兑换钱币，扫除了计算障碍。

二、幼儿加减运算能力发展的年龄特点

（一）4岁以前

一般来说，4岁以前的幼儿基本上不会加减运算。他们不懂加减法的含义，更不会用"＋""－""＝"等运算符号，也不会自己动手将实物分开或合拢进行加减运算，但他们却能解答一些与生活实际有密切联系的应用题。如问幼儿：2加1等于几？幼儿一般不能回答出，且不感兴趣，但是若问幼儿：妈妈昨天给你买了两件玩具，今天又买了一件，你现在一共有几件玩具呢？幼儿马上会回答是3件。

（二）4~5岁

4岁以后，幼儿能借助动作将实物合并或取走后进行加减运算。但这种运算不能脱离具体实物，而且运算的方法是逐一计数，即通过重新点数总数或

剩余数得出结果。他们对于抽象的加减运算如"2加1等于几"不能理解，也不感兴趣。但值得注意的是，4岁以后的幼儿已经表现出初步的运用表象进行加减运算的能力。这就是在不要求幼儿掌握应用题结构的情况下，不使用加、减和等于这些符号和术语的条件下，他们能解答所认识的实物范围内的简单加减应用题。

（三）5~5岁半

幼儿们将学到的顺着数和倒数的方法运用到加减运算中去。多数幼儿可以不用摆弄实物，而是用眼睛注视物体，心中默默地进行逐一加减运算。这种加减方法是以一组物体的总数为起点，开始逐一计数，直到数完第二组物体为止。这种方法反映在幼儿掌握加减法时，大数加小数容易于小数加大数。

（四）5岁半6岁

学习了数的组成以后，幼儿不仅能运用数的组成知识进行加减运算，而且运用表象解答口头应用题的能力也进一步提高，并摆脱了逐一加减的水平。幼儿加减运算方法的进步，事实上反映了幼儿在加减运算中担负思维抽象性的发展。另外，教师的启发、提问和引导能充分发挥应用题在促进幼儿分析综合能力发展上的作用。比如，幼儿已说出正确的得数后，教师进一步提问：你用什么方法算的？为什么要用加（减）法？屏幕里最后问的是什么？剩下的苹果比以前少了还是多了？等等。这些启发性的提问，引导幼儿的分析活动逐步深入，达到真正理解题意的目的，同时也促进幼儿初步逻辑思维能力的发展；口述应用题还能促进幼儿思维推理能力的发展。所谓思维推理能力，是指运用已有知识解决新问题的能力，也是知识迁移能力。比如，求加数和求减数的应用题就需要幼儿有一定的推理能力。"妈妈给我买了许多苹果，我吃掉1个，还剩3个，问妈妈原来给我买了几个苹果？"或"树上第一次飞来2只鸟，第二次又飞来一些鸟，两次共飞来5只鸟，问第二次飞来几只鸟？"这类应用题显然比一般的应用题要求高，它要求幼儿不受题目表面情节的干扰，而根据题目中的数量关系进行分析，凭借对口述应用题丰富的感性经验和对其中数量关系的理解，运用已有的知识经验来解决新的问题。

三、幼儿学习口述应用题的特点

（一）易受情节干扰

幼儿在开始解答与生活有联系的加、减应用题时，往往不注意题里的数量关系和要计算的是什么问题，而注意题目中的情节和事实内容，往往把应用题当作一个故事或谜语，被情节内容所吸引而产生一些情绪或联想，忘记了计算的任务。比如，给幼儿这样一道应用题："明明有 5 块饼干，分给红红 4 块，明明还剩几块？"有的幼儿不回答这个问题，而感兴趣的却是："怎么分给红红这么多呀？"又如，"花园里有 3 盆菊花，2 盆牡丹花，花园里一共有几盆花？"有的幼儿会立即回答："我们家里也有菊花的。"诸如此类，都反映出幼儿在解答口述应用题时易受情节干扰的特点，年龄小的幼儿尤其明显。

（二）对应用题结构的理解能力较差

这一特点明显体现在幼儿学习自编应用题的过程中。幼儿凭生活经验一般就能解答口述应用题，但在自编口述应用题中就需要幼儿掌握应用题的结构。由于幼儿缺乏实践经验，因此对幼儿来说，自编应用题比解答口述应用题要难。幼儿常常会表现出这样几个不足：一是不会提出问题，有时编题不完整，没有问题；有时题中会出现运算结果，如"我有 3 支笔，妈妈又买来了 1 支，我一共有 4 支笔。"二是缺少已知条件，如"树上原来有 3 只小鸟，现在树上有几只小鸟呢？"三是违反生活逻辑和自然规律，如"我家的老母鸡下了 3 个蛋，一会儿又下了 2 个蛋，一共下了几个蛋？"类似这样的情况，主要是知识和生活经验的限制造成的。

总之，口述应用题作为幼儿学习加减运算的有力工具和促进思维发展的有效手段，具有特殊的作用，适宜在大班阶段进行适当的训练。

四、口述应用题在幼儿学习加减运算中的作用

应用题是根据日常生活中的实际问题，用语言表达数量关系的题目。从

应用题的结构看，它包括情节和数量关系两个部分，二者缺一不可。数量关系中又包括已知条件和未知条件。应用题教学前期主要是用语言来表述的口述应用题。从心理学观点看，应用题的情节为幼儿的表象活动提供了素材，它和纯粹用数字和符号组成的加减题最明显的区别就是应用题寓加、减问题于情境之中。幼儿借助于应用题的情节，引起头脑中对过去熟悉的生活情境的回忆，以已有的生活经验为依托，来理解应用题中所要求的运算方法。它既符合幼儿思维借助于具体形象的普遍特点，又能引导幼儿较顺利地掌握10以内加减运算。

口述应用题的作用如下：

1. 为掌握加减运算奠定基础

口述应用题能帮助幼儿较容易而准确地理解加法和减法的含义以及有关运算符号。比如在学习口述应用题的基础上，让幼儿说出 $2+1=3$ 或 $3-1=2$ 式题中"+""-"和"="等符号的名称及含义相对就容易些。我国学前教育实践中长期沿用以口述应用题为手段，来帮助幼儿理解加减法的含义和认识加减符号及算式的方法。

2. 促进幼儿思维能力的发展

口述应用题能促进幼儿思维能力的发展。首先，能促进幼儿抽象思维能力的发展。加减运算是在头脑中把数进行组合分解而实现的一种智力运算，它要求具有高度的抽象思维能力。但是，幼儿期思维总体是以表象为主，具有相对的具体性。因此，加减运算所要求的思维抽象性与幼儿实际思维的具体性之间存在着必然的矛盾。解决这一矛盾的方法，可以以口述应用题唤起幼儿头脑中有关加减情境的表象，为幼儿掌握加减运算，由具体过渡到抽象起到中介作用，促进幼儿思维由具体到抽象的飞跃。口述应用题既有直观性和形象性，又有一定的抽象性和概括性，是一个高于具体水平又低于抽象概括水平的中间环节，因而它在幼儿学习加减运算的过程中起到了不可替代的作用。其次，口述应用题还能促进幼儿分析综合能力的发展。这是因为应用题与式题不同，式题的数量关系和计算方法是由数字和符号直接表示出来的，无须考虑用什么算法，而应用题的数量关系和算法则是隐含在情节之中，需要按情节分析数量关系，才能正确地选择方法并列出算式、阐明理由，而这一过程实质上就是一个对应用题中的已知数之间及已知数与未知数之间数量关系的分析、判断、综合的思维过程。

第七课　幼儿加减计算能力的教学

10以内数的加减运算是中、大班年龄段幼儿的教学内容之一，具体可分为实物加减的教学、自编口述应用题的教学和列式计算的教学三部分。

一、实物加减的教学

实物加减是幼儿加减运算能力发展最初阶段的表现，这一教学的主要目的是更好地帮助幼儿理解加法和减法的含义，可以在中班年龄段开展。

实物加减教学中，实物教具是基本的条件，是帮助幼儿理解加减含义、明确思维方向的必不可少的条件。因此，教师可以借助看教具演示或实物操作的动作向幼儿讲明题意。比如："果盘里原来有3个苹果，又放进去2个，现在一共有几个苹果？"让幼儿看到原来的苹果数量以及添上去的动作和苹果数量，同时问幼儿："这道题先告诉我们什么了？""后告诉我们什么？""问我们的是什么？""可以用什么方法来算？""为什么？"这一系列问题是为了帮助幼儿厘清思路，明确已知条件和求什么问题以及"加法的含义（几个数合并成一个数）"的问题。同样，在减法的学习中，也要通过演示或操作让幼儿感知原来的数量、去掉的数量以及剩下的数量，尤其值得一提的是，减法教学中演示所去掉的物品和教具要留有痕迹，这样才能更好地让幼儿感知原来的数量和去掉的数量。例如，可以在盘中3个苹果所说拿走的1个苹果外面画上虚线，以留下去掉的痕迹，以免幼儿用加法的经验去理解减法的含义。在题意的分析和讲解中，同样可以提出几个如上的问题来帮助幼儿整理思路，确定思考的方向。实物加减教学时，可以借助直观的教、学具材料，也可以通过教师有意识的问题归纳等来进行。但在幼儿回答出题意或教师讲解题意的过程中，一般不需要出现加号、减号、等号这些符号，即使口头也不需要讲符号的含义，不用列式计算。

二、自编口述应用题的教学

幼儿学习的自编口述应用题是最简单的应用题，一般是涉及 10 以内求和、求剩余的简单应用题，其结构通常表现为一件事、两个数和一个问题。一件事即指应用题的情节，两个数即指已知条件，一个问题即指所求的未知数。

自编口述应用题的教学，是幼儿园大班数学教学中能有效锻炼幼儿逻辑思维能力的重要内容，虽然它是在幼儿通过实物加减的学习、初步掌握加减运算含义的基础上进行的，但由于从实物到口述的过渡是一个更抽象化的过程，因此在学习、理解和自编口述应用题的教学中，幼儿还是会表现出一定的困难，这种困难首先表现在自编口述应用题的情节方面。因此，在教学方法上应从以下方面入手：

1. 从应用题的结构分析入手

任何一道自编口述应用题都是由情节和数量关系两个方面组成的，幼儿要解答口述应用题，必须对题的情节和数量关系进行分析，了解构成要素，分析其关系，然后才能解答。例如，"青青的草地上有 2 只大白鹅，后来又来了 2 只，一共是几只大白鹅呢？"从这道题的结构来看，青青的草、大白鹅组成了题的基本情节，"原来有 2 只，又来了 2 只"的数量关系和算法是隐含在情节中的，而情节又是由多个客观要素构成的。因此，只有引导幼儿分析多个要素之间的关系，才能正确地选择方法，得出答案。而这样的一个过程实质上就是分析、综合的思维过程，它不仅可以使幼儿达到真正理解题意的目的，同时也促进了幼儿思维能力的发展。

2. 从读题的过程入手

由于情节、数量和问题是紧紧联系在题目中的，故读题的过程就是在整体中认识部分，在理解部分的基础上把握整体的过程。由于读题是由教师进行的，因而就可以通过读题来训练幼儿的分析综合能力。在读题过程中，教师除了要口齿清楚、语速稍慢外，还要注意通过初读和复读加以区别和强化。初读，使幼儿对题目形成一个总的初步印象，能听出题目说了一件什么事；

复读，应当进一步帮助幼儿在头脑中把题目划分为几个部分，分别进行理解，能说出题中"告诉了什么？""要求什么？"突出主要信息，并且能把信息综合起来，在头脑中把题目的各个部分结合起来，形成一个完整的链接。例如，"树上有5只小鸟，飞走了2只，还剩下几只？"的应用题，教师初读，让幼儿明确题目说的是树上小鸟的事，然后再重点复读，并可以通过实物演示分别让幼儿理解题中的"树上有小鸟""飞走了""还剩"等所表示的含义，在此基础上说出给出的条件和所求问题。最后，把题目所涉及的概念、已知条件和所求问题结合起来，促进幼儿在头脑中形成一个较为清晰的表象。

3. 从仿编题入手

在自编口述应用题的教学中，教师可以先示范编题，并结合题目讲清应用题中的"一件事、两个数和一个问题"间的关系，然后让幼儿进行仿编。仿编中，可以先让幼儿编与教师题目意思相仿、同样运算方法的题目，再让幼儿参与或补充编题，如教师编一道题，讲清一件事、两个数，请幼儿接下去提出一个问题；或两位幼儿互相补充，编一道题等。最后，让幼儿尝试独立编题。而独立编题的过程也是循序渐进的，可以从以下几个步骤来做：第一步，教师演示教具，让幼儿编题，如教师手里有6个风车，送给小明1个，请幼儿来编题；第二步，看图编题，如教师出示一张图片，图片上有2只白母鸡和3只黑母鸡，其中4只母鸡在吃食，另一只刚刚跑过来，让幼儿根据图意编各种应用题；第三步，根据算式编题，教师出示算式3＋2＝？让幼儿编出各种情节的题目；第四步，根据实物与数字编题，例如，教师出示画有小汽车的图片，又出示数字3、5，让幼儿根据这些条件编有关小汽车方面的应用题；第五步，根据两个数字编题，例如，出示数字3、6，随便幼儿编出什么情节，只要用到两个数字，是情节合理的应用题即可。

三、列式计算的教学

列式计算是幼儿计算能力和水平的重要标志，也是幼儿思维抽象性水平不断提升的表现。因此，到了大班年龄阶段，让幼儿掌握10以内的列式计算就成了一项主要的教学内容。其教学的重点和要点有以下几方面：

第五单元　幼儿数概念的教育

1. 识别符号及其含义

符号的认识是列式计算教学的一个重点。一般来说，教师可结合应用题编题、解题的过程，向幼儿明确符号的名称、意义、读法及在算式中的位置。比如，结合演示教具——教师左手拿一个气球，右手拿两个气球，让幼儿仔细看老师的动作，老师把两手的气球合起来，让幼儿数一数一共有几个气球。教师总结说："这道题是把两个数合并成一个数，用加法算，加法里有个加号（边讲边出示加号），表示合起来的意思，把它放在两个数的中间 1 + 2，最后出示等号，表示两边数一样多，念等于，放在得数的前面。"并让幼儿完整地读 1 + 2 = 3 的算式。在出示运算符号进行介绍的过程中，教师应当始终结合算式。同样，减号的认识与介绍也可以结合减法算式来进行。

当幼儿理解了加减意义并会熟练地进行列式计算后，教师在加减计算的教学过程中，分析题意的一系列问题就可以少问甚至不问。教师出示完题后，就可以让幼儿直接列出算式，讲出算式中每个数所表示的含义或者只要幼儿列出算式就可以了，如此要求重点在于训练幼儿思维的准确性及敏捷性。

2. 得数为零的算式计算

在认识零的教学之后，幼儿基本上已经获得了对零的含义的初步理解，而在加减运算中，幼儿也会碰到得数是零的一些算式题，因此，解答这样的算式题也有助于幼儿更感性、深入地加深对零的意义的理解。在教学中，教师可以通过编出一道得数为零的算式题中前、后两数及符号所代表的意义的梳理，帮助幼儿归纳"减号前后两个相等的数相减，得数一定为零"的规律。也可以引导幼儿观察各种算式，例如，1 − 1 = 0，2 − 2 = 0，3 − 3 = 0，……找出这些算式相同与不同的地方。接着，可让幼儿动脑筋进行发散思维，列出一系列答案是零的算式。

3. 加法里交换律的渗透

在理解了加法的含义、进行了加法列式计算的基础上，提前渗透加法交换律是一个重要的内容。所谓交换律，即加号前后的两个数若交换位置，其得数不变。教学中，教师可以先按加法交换律的关系，一组组地编口头应用题。例如，"小明有 3 个五角星，小红有 2 个五角星，他俩一共有几个五角星?"幼儿列式解答后,教师可以重新叙述:"小红有 2 个五角星,小明有 3 个五角星,他俩一共有几个五角星?"教师问幼儿,两道题什么地方一样?什么地方不一样?引导幼儿答出:两个算式交换加数的位置,得数都是一样的。可以让幼儿多练习类似的应用题,虽然不用告诉幼儿"加法交换律"这个概念,但是幼儿在感性上已经理解了加法交换律的含义。

示范教案 7

授课科目:幼儿园数学教育	授课班级:大班	设计教师:
活动名称:口述应用题		

活动目标:
1. 能根据图片内容编 10 以内加、减法的应用题并列出相应的算式。
2. 发展幼儿思维力和想象力、幼儿口语表达能力。
3. 培养幼儿养成良好的坐姿和正确的握笔姿势,并形成良好的操作习惯。

活动重点: 能根据图片内容编 10 以内加、减法的应用题并列出相应的算式。(选填)

活动难点: 根据算式自编应用题。(选填)

物质准备: PPT 课件、数字卡片三套、加减法算式卡片、幼儿每人一张小图片。

活动过程:

一、开始部分。
　　师生以一问一答的形式复习 10 以内的加减法。
二、基本部分:根据图片编应用题
　　第一层次:教师播放 PPT 课件,图片上有什么?接下来又发生了什么事?(树上有 4 只小鸟,又飞来了 3 只)你能将这件事编成一道应用题吗?那列成算式怎么说?你还能根据这个算式编出其他的应用题吗?

第五单元　幼儿数概念的教育

续表

授课科目：幼儿园数学教育	授课班级：大班	设计教师：

刚才的那幅动画中,有一件事、两个数、一个问题,这个活动叫编应用题。(数字卡片)

第二层次:出示图片让幼儿观察图片上的内容,自编口述应用题,并列算式(提问每个幼儿)。

第一幅:草地上有 2 只灰兔子,5 只白兔子,草地上一共有几只兔子? $2+5=7$。

第二幅:花丛中有 6 只蝴蝶,飞走了 2 只,花丛中还有几只蝴蝶? $6-2=4$。

第三层次:教师再次出示其他图片让幼儿观察图片内容,自编口述应用题,并列算式,为大家讲一讲。

第四层次:按算式编应用题。

"小朋友们真厉害,都会看着图片编应用题了。现在呀,我们换个玩法。老师这里有许多的算式,老师出示一张算式,请小朋友们看着算式来编应用题,最后看看哪位小朋友编得又快又对。"

出示加法算式卡,请幼儿编。

出示减法算式卡,请幼儿编。

例如:教师出示

$$8-4=?$$

如:苹果树上有 8 个苹果,被人摘走了 4 个,苹果树上还剩下多少个?

教师提示:小朋友们一定要编得和别人不一样。看看谁的小脑袋转得最快。

教师注意倾听幼儿看式编题并及时纠正幼儿编题时的错误或不符合逻辑的地方。

三、结束部分。

教师发给幼儿每人一张小图片,结合图片上的内容,编出加减应用题,到前面为大家讲述编出的应用题。

四、活动延伸。

生活中还有许多事情都可以编应用题,大家想一想、编一编。

教案评析：

在整个教学活动中，"应用题"相对于幼儿来说是一个较难理解又难掌握的领域，如何让幼儿在提倡的"玩中学"这一模式中掌握知识点呢？这是本次课堂设计的一个难点。以PPT动画形象激发幼儿的兴趣，引起他们的联想，也促进了幼儿初步的分析、综合能力的提高。让幼儿随着喜爱的动画人物进入所创设的环境中，让幼儿们在与动画人物相互交流的基础上进行知识性的学习。

学练结合：

下面的教案有一处知识是错误的，是同学们容易犯的错误，请你找出来，说明理由并加以更正。

示范教案 8

授课科目：幼儿园数学教育	授课班级：中班	授课教师：
活动名称：认识"10"以内单、双数		
活动目标： 1. 巩固复习10以内数的实际含义，学习区分单双数。 2. 培养幼儿分析、判断能力。		
活动重点：正确感知10以内的数量，学习区分单双数。（选填）		
活动难点：正确区分单双数。（选填）		
物质准备： 　　1~10的实物、数字卡片各一套，1~10的圆点卡片一套（圆点均作两两排列）、小圆片21个，用毛线将白板分成六行，1~10的数字卡片每人一套、五角星每桌一盘（每个幼儿10颗）。		

第五单元　幼儿数概念的教育

续表

授课科目：幼儿园数学教育	授课班级：中班	授课教师：

活动过程：

一、开始部分。

复习认识 10 以内数。

1. 教师出示任一实物（圆点）卡片，要求幼儿点数说出其数量。

2. 教师出示任一数字卡片，幼儿有节奏地击出相应次数的掌声。

二、基本部分。

第一层次：学习区分单双数。

1. 在白板的各行分别贴出 1 个、2 个、3 个、4 个、5 个、6 个圆片，启发幼儿说出各行圆片数量，并请一幼儿在各行下面贴上相应的数字。如下图：

●　　1
●●　　2
●●●　　3
●●●●　　4
●●●●●　　5
●●●●●●　　6
……

2. 教师提出给小圆片两个一组排好队的要求，请幼儿操作，并引导幼儿观察和说出：哪些数两个两个排队后剩下一个？哪些数两个两个排队后没有剩下？告诉幼儿：两两排队后，剩下一个的数叫单数；两两排队后，没有剩下的数叫双数。如下图：

1　●
2　●●
　　●●
3
　　●
　　●●
4
　　●●
……

续表

授课科目：幼儿园数学教育	授课班级：中班	授课教师：

第二层次：幼儿实际操作。

教师说数字，幼儿按数取出相应的五角星，然后进行两两排队，并引导幼儿说出该数是单数还是双数。

第三层次：出示若干个的圆点卡片，按1里面1个圆点，2里面2个圆点，3里面3个圆点……顺序排列。引导幼儿观察、分析、讨论，说出10以内数中哪些是单数，哪些是双数。

三、结束部分。

1. 幼儿操作1~10的数字卡片，按单数、双数分成两组，比比谁分得快。

2. 教师指出（或说出）任一数，幼儿口头回答是单数或双数。

3. 教师报单（双）数，幼儿举出任一单（双）数的数字卡。

4. 师生小结：请小朋友仔细观察自己排的1、2、3、4……，看看这些数中所含的圆点两两排队后，剩下一个的数量，而后给这些圆点排排队，试着总结一下，什么样的数叫单数，什么样的数叫双数。

四、活动延伸。

户外活动时，玩"躲单抱双"游戏。即老师说单数，小朋友各自保持独自站立；老师说双数，小朋友两两抱在一起，落单者算输。

幼儿园量概念的教育

1. 内容提要

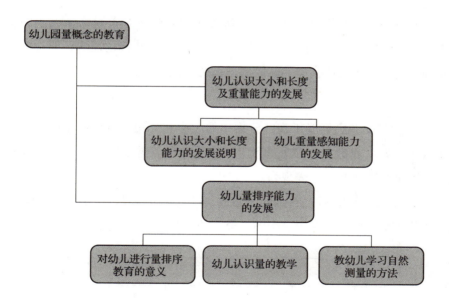

2. 教学基本要求

了解学前儿童认识大小和长度能力的发展，重量感知的发展，排序能力的发展。

认识常见的量是幼儿园数学教育的内容之一。量与量的关系是数学研究的对象之一，也是幼儿生活中经常接触到的必备知识。幼儿也具有认识初步量知识的可能性。

量是指客观世界中物体或现象所具有的可以定性区别和测定的属性。量可以分为不连续的量和连续的量两种。本单元只涉及幼儿认识连续量的教育。

第一课　幼儿认识大小和长度及重量能力的发展

一、幼儿认识大小和长度能力的发展说明

在幼儿尚未学会测量之前，对物体量的认识实际上是对它们的感知。因此，幼儿认识大小、长度是以不同分析器（视觉的、触觉的、运动觉的）和不同分析器之间建立的联系来实现的。

（一）2 岁左右

幼儿感知大小的能力发展较早，从婴儿期起就孕育着对物体大小的辨别能力。2 岁左右幼儿大部分能对不同大小的物体做出正确的反应，能按成人语言选择大的或小的物体，但尚不能用积极的词汇给予表示。

（二）3~4 岁

3~4 岁的幼儿已经能正确区分物体的大小和长短，也能用相应的简单词汇来表示。如"我抱着一只大狗熊""这是一根长棍子"等。而且感知物体大小的准确性有所提高。表现为：

（1）能判别差别不太明显的一组物体中最大的和最小的物体。如下图，他们能找出最大的一个是第一个图，最小的一个是第三个图。

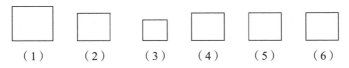

（2）能正确辨别远处物体的大小和不同位置物体的大小。如能执行从不同距离拿来大的（或小的）皮球的任务，也能说出远处有大人和孩子，大人站着，小孩坐在草地上，等等。说明该年龄段幼儿具有初步的知觉恒常性（指当知觉的条件在一定范围内改变时，知觉的对象仍然保持不变）。

但是3~4岁幼儿往往把大或小这两个词作为表示物体各种长度的通用词。例如，他们往往把长的、高的、宽的、粗的物体称为大的；把短的、矮的、窄的、细的物体称为小的。这种现象反映了这一年龄段幼儿对物体各种长度认识的局限性。因为物体的长短、高矮、宽窄、粗细、厚薄都是长度问题。长短是物体的两端之间的长度；高矮是指物体从下到上距离的长度；宽窄是指物体横面距离的长度；粗细是横截面的长度；厚薄是指物体上下面之间距离的长度。

（三）4~5岁

在正确的教育下，4~5岁的幼儿感知大小和长度的能力进一步提高。表现为：

（1）对不同大小的物体能依次做出区分和排列。

（2）能从一组物体中找出相同大小的物体。判别"一样大"的物体，需要在头脑中对一组物体逐个进行比较和分析，才能做出选择，所以这种能力发生得较晚。

（3）能认识物体的粗细、厚薄、高矮、宽窄、轻重等，并能用相应词汇表示。

但一般情况下，4~5岁幼儿还缺乏对物体量守恒的认识。如他们不易判断改变了放置形式的等长的两个物体的长度，对错开放置的两根等长小棍往往判断下面一根长，如下图：

他们说："你看这根都到这了"，却没有注意到小棍的起始点。同样，他们也难以正确判断等量的水倒在又高又细和又矮又粗的瓶子里还是一样多的容量守恒现象。

（四）5~6岁

5~6岁的幼儿，在正确认识物体大小、长短的基础上，能做到理解大小和长短的相对性质。物体的大小、长短、宽窄等都是相对的、有条件的。长是相对短而言的，一根小棍和比它短的小棍比是长的，如果与另一根比它长的小棍比，那么它就是短的。这就是长短的相对性。这一年龄段幼儿的另一个重要发展是能理解物体在长度、面积、容积（体积）等方面的守恒现象。当物体在外形、位置发生变化时幼儿仍可正确判断量的不变性。如一块球体的橡皮泥，当它被搓成圆柱体（小香肠）或压扁（馅饼）时，知道橡皮泥和原来的还是一样多。

示范教案9

授课科目：幼儿园数学教育	授课班级：小班	授课教师：

活动名称：比较物体的大小

活动目标：
　　1. 在游戏活动中观察、比较、区别物体的大小，并能用语言清楚地表达出，发展语言表达能力。
　　2. 学会在生活中发现常用物品的大小，初步理解大小的相对性。

活动重点：在游戏活动中观察、比较、区别物体的大小并表述。（选填）

活动难点：了解生活中物品大小的相对性。（选填）

物质准备：
　　1. 吹泡泡工具一套、"泡泡图"一张。
　　2. 油画棒一盒、画纸若干。
　　3. 在"娃娃家"内摆设大小不同的物品（衣服、鞋子、袜子、帽子、娃娃等）。

活动过程：

一、开始部分。
　　游戏"吹泡泡"：教师带领幼儿玩"吹泡泡"的游戏，教师吹出许多大小不一样的、很好看的泡泡。边吹边让幼儿仔细观察，泡泡的大小一样不一样。

续表

授课科目：幼儿园数学教育	授课班级：小班	授课教师：

二、基本部分。

第一层次：画泡泡。

教师请幼儿看"泡泡图"，说一说这些泡泡有什么不同，哪个大？哪个小？教师再逐一画出更多的泡泡让幼儿比较并一一说出。能力强的幼儿可以用彩笔在纸上自己画泡泡，边画边说：大泡泡，小泡泡。

第二层次：找一找，说一说。

教师把大小不同的衣服、袜子、娃娃等物品投入到"娃娃家"，请幼儿到活动区，看看区里的东西哪些是大的，哪些是小的。把东西按"大小分类"，大的放一堆，小的放一堆。看看哪个小朋友放的正确，并说一说谁是大的，谁是小的。

第三层次：比一比衣服的大小。

1. 教师出示一件大的衣服，与小一点的衣服比一比，再说一说，哪件是大号衣服，哪件是小号衣服。（让幼儿发现原来大号、小号衣服比较才能知道。）

2. 教师出示一件比原来小号衣服更小的衣服，让幼儿比一比，说说哪件是大号衣服，哪件是小号衣服。（让幼儿发现原来的小号衣服变成了大号衣服）

三、结束部分。

1. 游戏——给娃娃穿衣服。

幼儿2人一组，一次进行4组，每组可随意挑选一个娃娃，给娃娃穿上大小适合它的衣物，看哪组小朋友穿得又快又好。

2. 师生小结。

要知道衣服的大小，就要和别的衣服比，比一比才能知道大和小。

四、活动延伸。

在活动区里提供爸爸、妈妈、宝宝的图片和大小不同的衣服（教师自制的），让幼儿把大衣服粘贴到大人身上，小衣服粘贴到宝宝身上。

教案评析：

本节课有三个教学层次，第一层次结合小班幼儿爱游戏的特点创设了"吹泡泡"游戏，让幼儿感知泡泡的大小；第二层次比较幼儿日常用品，虽然是不规则图形的比较，但衣服和帽子的大小悬殊，幼儿比较起来还是相对容易些；第三层次是衣服之间大小号的比较，既要比较衣长又要比较袖长，而且大小不算明显，较前两种比较难一些。活动设计上遵循了由易到难的教学规律。教师在示范衣服之间的比较时，注重了"相对性的比较"，降低教学难点。巩固练习中"给娃娃穿衣服"的游戏形式，将原本枯燥无味的学习与游戏充分结合，让孩子在积极、主动、愉快的游戏氛围中掌握比较大小的能力，同时发展观察和语言表达能力。

示范教案 10

授课科目：幼儿园数学教育	授课班级：小班	授课教师：

活动名称：认识长短

活动目标： 　　1. 理解长短的概念，并能用语言进行描述。 　　2. 学习比较物体长短的方法。 　　3. 初步感知物体长短的相对性。

活动重点：能用正确的方法比较长短。（选填）

活动难点：幼儿能够独立操作、比较，并能说出哪个长，哪个短。（选填）

物质准备： 　　1. 两条长短不一的围巾、篮子（人手一只）、材料包（彩带、铅笔、吸管，每人两件，一件长的，一件短的）。 　　2. 录音机、音乐《小兔跳》。

第六单元　幼儿园量概念的教育

续表

授课科目：幼儿园数学教育	授课班级：小班	授课教师：

活动过程：

一、开始部分。

幼儿戴着兔子头饰，随着《小兔跳》的音乐入场。

教师说："昨天是兔妈妈的生日，兔爸爸送了妈妈两条围巾。"

出示两条长短不一、颜色不同的围巾，引导幼儿观察：这两条围巾是什么颜色？它们一样长吗？比较后说出哪条长，哪条短。

教师："你是怎么知道围巾有长有短的呢？"（看出来的）（比出来的）

二、基本部分。

第一层次：探究比较物体长短的方法。

1. 教师分发材料包，引导幼儿观察桌上都有什么？

（铅笔、吸管）

2. 教师提出讨论问题：它们哪个长？哪个短？

幼儿以小组为单位，自主讨论哪个长、哪个短，自主比较。

教师小结：我们小朋友的眼睛真灵，发现了这么多的秘密。（引导幼儿说出比较方法）

第二层：教师演示，幼儿操作。

1. 教师示范比长短的方法。

教师："刚才小朋友想得好，说得也好，现在看看老师是怎么来比长短的。我们把吸管或铅笔平放在桌面上，吸管的一端要对齐，然后比较另一端，就能比出长短了。我给小朋友们也准备了铅笔和吸管，现在请你们也来试着给它们比比长短。"

2. 幼儿自由操作比长短，教师巡回指导，重点指导比较的方法。

教师："有的小朋友是把铅笔竖在桌子上来进行比较的，这样比较长短的方法也对，这些小朋友肯动脑筋哟。""我们比的时候，可以说一说，这根铅笔比那根铅笔长，那根吸管比这根吸管短，等等。"

授课科目：幼儿园数学教育	授课班级：小班	授课教师：

3. 教师小结。

我们给物体比长短时，不管是竖着比还是横着比，物体的一端一定要对齐。

三、结束部分。

1. 指导幼儿独立完成两只彩带长短的比较、铅笔和吸管的比较。

2. 教师出示两个筐，红色筐有长的记号，蓝色筐有短的记号。请幼儿比较完彩带、铅笔和吸管后，按长短分类，把手中的彩带、铅笔和吸管送回相应的筐里。教师巡回指导。

3. 师生小结：今天我们进行了长短比较，生活中还有很多东西有长有短，比如，小兔的耳朵和它自己的尾巴比较，耳朵是长的，尾巴是短的。请你们下节课告诉老师你们都找到了哪些东西是长的，哪些东西是短的。

四、活动延伸。

我们幼儿园还有很多物体，我们一起去看看哪些物体长，哪些物体短。

教案评析：

比较物体长短是小班幼儿认识量的开始。本节课抓住教学重点，以注重幼儿动手能力为前提，让幼儿学会比较的方法。让幼儿自主地比较长短，理解长短的概念，并能用语言进行描述。在感受中完成教学目标，达到了让幼儿喜欢数学、喜欢操作的目的，同时培养了幼儿的认知兴趣。

二、幼儿重量感知能力的发展

重量是连续量。轻重感知觉的发展是掌握重量概念的基础。幼儿期重量感知觉的发展具有重要意义。

我国有人对幼儿轻重感知觉的发展做过初步的实验研究（张月华《3—6 岁幼儿轻重感知觉的实验研究》，1982 年北京师范大学教育系毕业论文）。该实验从感知轻重的差异性、精确性、相对性和理解及运用轻重词汇等方面对 3—6 岁幼儿进行了测试。

幼儿轻重感知觉发展可初步归纳为：

1. 3 岁幼儿已经能感知和判别具有明显差异的两个物体重量的不同

要求幼儿用手掂量两个形状、颜色、体积相同而重量明显不同（分别重 150 克和 18 克）的瓶子并回答"它们是一样重还是不一样重"的问题时，3 岁幼儿做出正确回答的人数可达 80%；而瓶子的重量分别是 140 克和 70 克时，正确作答的人数只有 37%。说明 3 岁幼儿对重量差异大的物体易于辨别，而差别小的物体则有困难。

2. 4 岁幼儿基本上能用正确的词汇表示对物体轻重的感知

4 岁幼儿用"轻""重"词汇表示不同瓶子重量的人数可达 53%。同时 4 岁幼儿对轻重的感觉有了明显的提高，能从若干对象中找出同样重量的物体。如在桌上任意放着 6 个形状、颜色、体积相同而轻重不同的瓶子，其中两个是 140 克、两个是 70 克、两个是 15 克，教师从中拿出一个重 70 克的瓶子，要求幼儿从其余的瓶子里找与范例一样重的瓶子。3 岁幼儿能完成的人数只有 13%，而 4 岁幼儿已达 43%。从众多不同重量的物体中区别出同样重量的物体，不仅需要幼儿对轻重差异不大物体的判别能力，而且要有对同等重量物体判别的准确性。

3. 5 岁幼儿判别轻重差异的精确性有较大提高，并能理解和运用"轻""重"词汇

实验证明，5 岁幼儿能正确完成这些方面各项任务的人数已达到 73%-100%。同时 5 岁幼儿的感知轻重相对性能力发展显著。如对任意并排放着的三个形状、颜色、体积相同而重量分别是 140 克、70 克、15 克的瓶子，能判别并说出其中哪个最重、哪个最轻、哪个比较重的人数可达 67%。可以认为 5 岁幼儿已基本具备了感知轻重相对性的能力，这种能力就是判别轻重精确性发展的一种表现。

4. 6 岁幼儿已具备认识物体重量和体积之间关系的能力

国外有材料说明随着重量感觉的发展，5~6 岁幼儿能够认识到小的物体可以比大的物体重（大气球比小玻璃球轻），而大小一样的物体，由于制作材料的不同，重量也可以不同。如乒乓球、皮球能浮在水面上，而小玻璃球、铁球都沉到水底。这种对重量与体积之间相反关系的认识，表示学前末期幼儿思维可逆性的发展。

示范教案 11

授课科目：幼儿园数学教育	授课班级：大班	设计教师：
活动名称：比较轻重		
活动目标： 1. 学习比较轻重的方法，并学会记录。 2. 学会用天平称量比较物体的轻重。 3. 理解物体轻重的相对性。 4. 在活动中积极动手操作，善于观察，获得积极的情感体验。		
活动重点：理解物体轻重的相对性。（选填）		
活动难点：理解物体大小与轻重不一定成正比。（选填）		
物质准备： 1. 两个蛋壳小娃娃。 2. 料包（内装大小相同、大小不同的玻璃珠、木珠、泡沫球等）。 3. 天平一个。 4. 将幼儿分组（每组 3~6 人），记录纸、笔若干。		

续表

授课科目：幼儿园数学教育	授课班级：大班	设计教师：

活动过程：

一、开始部分。

　　教师出示两个蛋壳小娃娃，引导幼儿分辨出哪一个是蛋，哪一个是蛋壳。请个别幼儿上前分辨，并说出方法。教师根据幼儿所用方法用语言表述出来，如敲一敲、提一提等。

二、基本部分。

　　第一层次：自己用手掂一掂。

　　分发材料包，每名幼儿保证一个乒乓球和一个玻璃球。让幼儿仔细掂一掂哪个轻、哪个重。

　　教师小结：要想知道物体的轻重，最好自己用手掂一掂。

　　第二层次：小组合作。

　　教师分给每组幼儿相差悬殊的玻璃珠、木珠、泡沫球，以小组为单位，每小组选一名幼儿作为记录员，其他幼儿认真掂量三种物品的轻重，由记录员记录在实验表格中。

　　第三层次：物体轻重和材料大小的关系。

　　教师准备了小玻璃珠、中等木珠、大泡沫球，先让幼儿猜一猜谁轻谁重。然后让幼儿亲自用手掂一掂，记录轻重。

　　教师引导幼儿小结：大的物体不一定重，小的物体不一定轻。物体的轻重与物体的材料有关系。

　　第四层次：使用天平和砝码。

　　教师出示天平和砝码。告诉幼儿，有时比较重量较轻的物品，如黄金、中药等，用手很难辨别谁轻谁重，所以我们要用到天平。教师出示相同大小的玻璃珠、木珠、泡沫球，依次放在天平两端，让幼儿观察谁轻谁重。

三、结束部分。

　　1. 练习比较。

　　每组幼儿用手掂或用天平称的方法比较手里的玻璃珠、木珠、泡沫球的轻重，先找出不同轻重的物品，再按轻重排队，并做好记录，教师巡回指导。教师提问：哪个重？哪个轻？幼儿确定以后，教师再把最重的球拿走，让幼儿进行比较、操作，发现物品的轻重。

授课科目：幼儿园数学教育	授课班级：大班	设计教师：
2. 教师小结。 物品的轻重比较要看和谁比，是相对的。 四、活动延伸。 　　鼓励幼儿在自由活动时间，到玩具区认真比较积木、插塑等玩具谁轻谁重，告诉小伙伴。		

教案评析：

让幼儿掂量乒乓球和玻璃球的重量，使幼儿对重量有了初步的感性认识，为后面的操作活动奠定了基础。本节课从始至终让幼儿积极、主动地去动手操作，通过亲自感觉理解了物体的轻重，也通过幼儿的操作和教师的引导，让幼儿轻松地理解物体大小与轻重不一定成正比的道理。整个活动中不是由教师教的，而是幼儿自己体验、操作得到的，获得知识的同时也获得了积极的情感体验。

第二课　幼儿量排序能力的发展

排序是将两个以上物体，按某种特征上的差异或规则排列顺序。排序是一种复杂的比较（连续的比较），它建立在两个物体的比较上。幼儿排序能力的发展，主要表现在对物体量的排序方面，它是幼儿对量的比较能力的一种表现。

一、对幼儿进行量排序教育的意义

1. 排序有助于学习计数

计数需要对物体有次序地逐一点数。在排序活动中形成的在时间上或空间中依次列举的能力，有助于计数活动的进行。

2. 排序能帮助幼儿认识数的顺序，建立起数序概念

自然数在自然数列中是有序的，幼儿认识 10 以内的数，除了认识 10 以内各数的实际含义外，还应巩固掌握1~10 的顺序。排序活动中，幼儿获得对物体按某种差异排列顺序的经验，这将帮助他们理解数的顺序，懂得自然数中每一个数都占有一定位置，它们是按一定关系排列起来形成一个数的序列。

3. 排序能帮助幼儿理解抽象的数概念

排序能帮助幼儿理解抽象的数概念，主要是因为排序活动能促进幼儿可逆性、传递性和双重性思维能力的发展。这些思维能力正是形成抽象数概念必须具备的。

幼小幼儿可以在知觉水平上解决排序问题。例如 3 岁幼儿能完成 3 根小棍的排序任务，是依靠了可看到的小棍不同长度，但这时他们不能理解序列结构中的可逆性、传递性和双重性的关系。

排序中的可逆性，指从两个方向排序的能力，也就是将物体按一定量的差异排列成递增或递减的顺序。如从小到大，反之从大到小；从短到长，反之从长到短，等等。

排序中的传递性，可理解为如果 B 比 A 长，C 比 B 长，那么 C 就比 A 长（B＞A，C＞B，所以 C＞A）。在比较的过程中，C 没有与 A 直接比较，而是通过 B 这个中介将关系传递过去。所以序列中对象之间均可以用传递的方法，判断它们量的关系。

排序中的双重性，指按等差关系排列的物体序列中，任何一个元素的量都比前面一个元素大，比后面一个元素小。如等差为 1 cm 的小棍序列，中间的一根要比前面的一根长，比后面的一根短；以数为例，就是自然数列中各相邻数之间的 $n±1$ 的关系（自然数列中任意一个自然数都比前面一个数多 1，比后面一个数少 1）。

物体序列中的这三种关系也存在于数的关系之中，理解物体序列中这三种关系也就能理解数之间的逻辑关系。这些均需幼儿在思维上具有相应的可逆性、传递性和双重性才能做到。这三种能力实际上就是思维的抽象能力和推理能力。思维上的这三种能力是在幼儿期逐渐发展起来的，甚至有的思维

能力在幼儿大班阶段才开始发展。但是，如果我们在不同年龄幼儿的排序教育中注意对幼儿进行可逆性、传递性和双重性的教育，将有力促进幼儿思维能力的发展，从而真正有益于幼儿抽象数概念的形成。

示范教案 12

授课科目：幼儿园数学教育	授课班级：中班	授课教师：
活动名称：按规律排序		
活动目标： 　　1. 在活动中找出规律，动手操作、比较，发现物体的排列规律并进行排序，掌握不同的排序方法。 　　2. 培养幼儿观察比较能力和初步的判断推理能力，体验创新成功的快乐。		
活动重点：掌握正确的排序方法，体验成功的乐趣。（选填）		
活动难点：幼儿独立完成排序。（选填）		
物质准备： 　　1. 有规律排列的实物、拼插玩具。 　　2. 教具"红、蓝、黄彩色棋子"、学具"彩色棋子"、几种不同形状的印章、彩笔等。 　　3. 黑白色的毛毛虫画若干张。		
活动过程： 一、开始部分。 　　创设情境：请出小客人"毛毛虫"，观察毛毛虫的衣服，衣服的颜色按黄色、绿色，黄色、绿色……交替重复的规律排列。		

续表

授课科目：幼儿园数学教育	授课班级：中班	授课教师：

二、基本部分。

第一层次：单数双数间隔排列。

想一想生活中在哪儿见过像毛毛虫的衣服一样有规律排列的？（围巾、手套、男女排队、数棒、数字的单数双数间隔排列等）毛毛虫最喜欢这种有规律排列的物体。

第二层次：实际操作。

教师分发材料包，告知幼儿和毛毛虫一起玩棋子。毛毛虫是怎么排列彩色棋子的呢？（红黄蓝、红黄蓝、红蓝、黄蓝、红）、（红黄黄蓝、红黄黄蓝）没有排完整的请老师、小朋友们帮忙分别排成整齐的一行。老师在小组之间巡回指导。

三、结束部分。

1. 游戏。

请小朋友们按自己的意愿按照交替重复的规律排出自己喜欢的图案。幼儿操作学具"彩色棋子"，展示有创意的排序作品，毛毛虫送上有规律排列的项链礼物。老师在小组之间巡回指导。

2. 师生小结。

今天我们一起做了哪些游戏？数出每一种色彩排的规律有 ABAB、AABAAB、ABCABC……还有哪些排列方式呢？

四、活动延伸。

利用生活中的常见物品，如瓜子、糖等实物让幼儿随机练习排序，及时发现有规律排序的物品，增强找规律的能力。

教案评析：

　　这个"按规律排序"活动，目的在于训练幼儿灵活运用所学知识解决问题的能力。整个活动以毛毛虫贯穿主线，分三个环节完成，层次清晰。第一个环节通过让幼儿自己观察去发现规律，通过颜色的对比引导幼儿感知基本特征。这是对幼儿进行初步判断推理能力的训练。第二个环节让幼儿在发现规律的基础上采用启发法、提示法，引导幼儿按照一定排列规律进行排序。第三层次，鼓励幼儿按照自己的意愿有规律地排序。因独立完成排序是本节课的教学难点，所以教师要注意观察每个幼儿的排序情况，及时给予指导，以便降低幼儿学习的难度。

二、幼儿认识量的教学

（一）比较物体的大小、长短、粗细、高矮、轻重等

1. 运用各种感官感知、比较物体的量

　　幼儿对物体量的认识主要是通过感官的感知，如通过视觉、触觉、运动觉等感觉通道体验到物体的大小、长度、重量等方面的特性。因此，教学中要让幼儿在看看、摸摸、摆弄等活动中进行比较，认识物体的量。

　　1）目测比较

　　认识物体的大小、长短、厚薄、粗细、高矮等特征时，都可以让幼儿用视觉观察比较。例如，教师出示一大一小两个皮球，让幼儿看看，问他们哪个大，哪个小，还是一样大小。再如，教幼儿认识轻重时，开始也可出示两块形状一样、材料一样、大小不同的积木，问幼儿哪个轻，哪个重，还是一样轻重。然后再验证一下，让幼儿知道一样的物体，大的、多的重，小的、少的轻。

　　2）触觉比较

　　教师可以让幼儿用双手抱球，仔细地抚摸，感知球外形大小的区别，感觉到球所占的空间不同；可以让幼儿用拇指、食指等触摸自己的单衣和滑雪

衣等物，感知其厚与薄的区别；也可以让幼儿不用眼睛看，只用手摸，在布袋里摸出粗的小棒儿或细的小棒儿，摸出长的或短的小棒儿等，同时用正确的词语表述。

3）运动觉感知比较

运动觉感知比较主要用于认识物体的轻重，它是由肌肉的运动觉来感受的。可以让幼儿用手掂一掂或提一提两个不同的物体重量来获得直接经验。如一小块铁和一大堆棉花谁重谁轻？眼睛看不准了，就可以用手掂一掂或提一提，来判断物体的轻重，使幼儿知道不一样的物体，大的不一定重，小的不一定轻。

2. 运用重叠、并置法比较物体的量

在让幼儿认识两个圆形纸片的大小时，可以把这两个圆形纸片重叠在一起进行比较，区别大与小；比较物体的长短，可选用两只不同长度的铅笔重叠在一起，即把短的一支重叠在长的一支上面。铅笔要横放，区别哪支长，哪支短。还可以用并置法比较，如并排横放着两支长短不同的铅笔，并肩站着的老师与小朋友，桌上并排放两本不同厚度的书等，让幼儿区别长短、高矮、厚薄等。

3. 运用发现法认识物体的量

教师可以为幼儿创设一定的情境，让幼儿在特定情境的活动中发现物体量的不同，达到认识量的目的。例如，在让幼儿认识大小时，教师为幼儿准备各种大小不同的瓶子，将瓶盖与瓶子分开打乱放置，让幼儿玩盖瓶盖的游戏，看谁盖得快，使幼儿感受瓶盖、瓶口有大有小，逐步摸索规律。盖瓶盖时，可以把瓶子从大排到小，把盖子也从大排到小，然后一对一地盖上，速度就快了。例如，认识粗细时，教师为幼儿准备很多有孔的木珠和粗细不同的绳子，让幼儿玩穿木珠，看看谁穿得又快又多。结果，有的幼儿穿得很快，有的幼儿穿得很慢，有的甚至一粒也没穿上。教师引导幼儿找找原因，让幼儿发现绳子有粗有细，从而认识粗与细。再如，教师为幼儿准备天平和若干个小物品，让幼儿将小物品两个两个地放在天平上进行比较，发现谁重谁轻，哪个最重，哪个最轻。

4. 运用寻找法描述物体的量

在幼儿初步认识量的基础上，教师可以有意识地引导幼儿在周围环境中寻找哪些物体是大的（长的、粗的等），哪些物体是小的（短的、细的等），并用正确的词汇去描述。教师也可以合理引导幼儿运用记忆表象回忆、描述马路上或家里自己所熟悉的各种物体的大小、长短、粗细、厚薄等。

例如在教室里找找，幼儿会找出王东小朋友高、刘丽小朋友矮，皮球大、乒乓球小等。在自己身上找找，他们会找出腿粗、臂细，衬衣薄、毛衣厚，等等。教师也可以在教室里事先放好一些长短不等、厚薄不等的物品，让幼儿在布置好的环境中找出两样东西并描述哪个大、哪个小。再如，也可以让幼儿回忆家里床上枕头厚、枕巾薄等。

5. 运用游戏法巩固对量的认识

教师可以设计各种形式的游戏，让幼儿来区别物体的量，加深对物体大小、长短、粗细、高矮等的认识。

例如，"反动作游戏"。教师做一个动作，并按动作说出一个词，要求幼儿做与教师相反的动作并说出相反的词。教师用手做大的动作并说"大大"，幼儿做小的动作并说"小小"。教师用手做拉长的动作并说"长长"，幼儿用手做缩短的动作并说"短短"。这样可以训练幼儿对大小、长短等掌握的熟练程度，加深幼儿对相应词汇实际意义的理解，同时也训练幼儿思维的敏捷性。这种游戏活动可以在教师与幼儿之间进行，也可以在幼儿与幼儿之间进行。

再如，竞赛性的游戏"看谁找得快""看谁找得多"等，让幼儿在一些物品中按教师要求找出大的或小的、粗的或细的等，看谁找得又快又对。

（二）教幼儿量的排序方法

1. 利用教学玩具学习排序

有些玩具本身就含有顺序的特点，即寓排序于玩具之中。幼儿学习玩这种玩具时，也就学习了排序。例如套碗、套桶、套塔、套娃娃、套房子以及教师自制的一些序列玩具等。

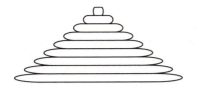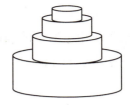

2. 按范例和口头指示排序

小班幼儿初学排序，应予以示范，做出范例，同时说明要求。例如，学习按物体的颜色排序，教师拿出红、黄珠子各3粒，在比较它们颜色不同以后，用塑料绳边穿珠子边告诉小朋友，"现在老师把这些珠子穿在一起，我先穿一颗红珠子，再穿一颗黄珠子，就这样一颗红的一颗黄的穿下去"，示范后，也请小朋友将自己的珠子按照老师的样子穿好。

3. 向幼儿说明排序的基本要求和方法

（1）明确排序的方向。应向幼儿说明要求是横向排列还是竖向排列。有的量排序只能竖排，如高矮排序；而长短排序一般是横向排列。有的量排序既可以横排也可以竖排，如大小排序、宽窄排序和粗细排序。排序的方向在幼儿进行活动前要明确提出要求。

（2）明确排序的起始线。有限量的排序需在同一个起始线上，才能做到正确排序。例如，高矮排序，告诉幼儿注意下端要对齐；横向的长短排序左右要对齐等。

（3）明确排序的规则。例如，按形状排序，说明什么形状排第一，什么形状排第二、排第三；大小等一些量的排序应说明是逐一递增（先排最小的，然后一个一个大的往后排），还是逐一递减（先排最大的，然后一个一个小的往后排）；也可以请中大班的幼儿自定排序规则，自由排序等。

4. 引导幼儿自由排序

幼儿有了一定的排序经验后，教师创造好条件让幼儿自由排序。例如，在活动角内放置可供排序用的木珠、小棍儿以及印章纸条等各种材料，或者在数学集体活动时留给幼儿自由排序的时间等。在自由排序中幼儿按自己的兴趣和想象自由选择、自定规则，排列出各种序列。

（三）感知量的守恒

在幼儿认识了相应的量的基础上，可以通过变换图式或添加干扰因素来帮助幼儿感知学习量的守恒。

1. 变换长度

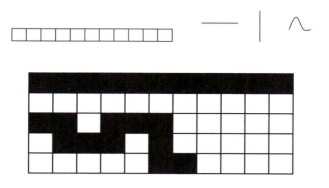

2. 变换面积

3. 变换体积

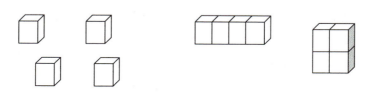

（四）教幼儿认识量的相对性的方法

1. 量的相对性是通过对三个不同量的物体的比较来认识的

第一步，先比较第一个和第二个物体之间量的不同，再比较第二个和第三个物体之间量的不同。例如三块长度相同、宽度不同的贴绒纸板（为了便于比较可用不同的颜色），先出示最宽（黄色）和第二宽（红色）的纸板，横向（或竖向）并放，比较出黄色的纸板宽、红色的纸板窄。再出示第三块最窄的绿色纸板，将它与红色纸板比，比的结果是红色纸板宽、绿色纸板窄。

第二步，向幼儿提出认识相对性的问题。如教师指着中间的红色纸板说："这块红色纸板一会说它窄，一会儿说它宽，那么请小朋友想一想，这块红色纸板到底是宽还是窄呢？"由此引起了幼儿思维的积极性和活跃的气氛，他们都在思考究竟应如何作答。

第三步，在讨论中建立起初步相对的思想。对教师的提问，有的幼儿可能做出巧妙的回答，说："它不宽也不窄。"教师给予鼓励后又问"为什么说它不宽也不窄呢？"经过讨论，幼儿和教师一起得出这样的结论：看一块纸板是宽还是窄要看它和谁比，红色纸板和黄色纸板比它就是窄的，和绿色纸板比就是宽的。

2. 运用操作、游戏等方法巩固对量的相对性的理解

幼儿初步理解量的相对性后，需通过各种活动予以巩固。例如，发给幼儿每人三块不同宽窄的纸板，三块纸板的颜色不同，且每个幼儿的都不一样。教师要求幼儿将纸板按宽窄依次排好，再逐个地请几位幼儿向大家说明自己的纸板哪种颜色最宽、哪种颜色不宽不窄、哪种颜色最窄，以巩固对宽窄相对性的认识。同时，还可以请出两三位小朋友到前面，举起自己最宽（窄）的纸板，和大家一起讨论明确：都是最宽（窄）的纸板，它们的颜色可以不一样，所以比宽窄时和颜色没有关系。

三、教幼儿学习自然测量的方法

（一）幼儿的测量活动是自然测量

测量就是把待测定的量同一个作为标准的同类量进行比较的过程。这个公认的标准量叫作测量单位。例如米是一个长度测量单位，克是重量的一个测量单位等。

常用的测量方法有直接测量和间接测量两种。把要测量的量直接同测量单位进行比较后得出量的方法叫作直接测量。如用米尺量布的长度，用秤称人体的重量等。通过直接测量有关的量，并借助公式进行计算得到要测量的量的结果，这种方法叫作间接测量。例如，要知道正方形的面积，先要量出它的边长，然后边长乘以边长，所得的结果才是正方形的面积。

幼儿学习的是自然测量。自然测量指利用自然物作为量具（器）进行直接测量。幼儿不宜用通用的标准测量单位进行测量，只用他们熟悉的一些物品作为测量工具，像筷子、小棍、脚步、小碗等。

（二）教幼儿自然测量的方法

幼儿开始学习自然测量需要教师做出示范并配以说明正确测量的要领。

（1）教幼儿懂得对不同的量进行测量应使用不同的测量工具。测量长度可用小棍儿、脚步、铅笔、雪糕棒、线段等。测量瓶子的大小（容量）应该用小碗、小杯去量瓶中的沙子或水。

（2）教师用讲解演示法，教给幼儿正确测量的方法和理解测量的要领。如长度测量的要领包括：从被测量的一端开始，连续移动测量工具，并使前一次测量的终点成为下一次测量的起点；测量要沿着直线进行；测量一次，数一个数，得到最后的量数。例如，教师用小棍做测量小黑板长度的示范，边测量边讲解："我从黑板左边的顶端开始量，把小棍儿的一头和黑板顶端对齐，顺着黑板上面这条直的边量一次，用粉笔在小棍这一边末端的黑板上做记号，拿起小棍从这个记号的地方开始量，一定要注意中间不能留着空，再做个记号……一直量到黑板的右边这一头，就知道黑板有几根小棍长了。"

（3）在日常生活和游戏活动中练习测量。幼儿初步学会自然测量后，要注意在日常生活中创造机会进行测量活动的练习。例如，量小朋友和布娃娃的床的长度并做比较；量玩具柜的长度和高度；量门和窗的宽度；用脚步量房间的长度和宽度；用小绳量树干或柱子的不同粗细；玩沙、玩水游戏时量一下小桶可以装几桶水，等等。可以让幼儿自己寻找测量工具，以提高对不同量要用不同量具的理解和对测量活动的兴趣。因此，教师要为幼儿自由的测量活动创设条件、提供活动的场所以及工具和材料等。

（4）使幼儿初步理解测量单位与测量结果之间的关系。在幼儿学会正确测量以后，要引导幼儿认识，用不同的工具测量同一个物体时其结果是不同的。比如，教师让幼儿用筷子和冰棍棒测量同一张桌子的长度，要求幼儿告诉大家测量的结果是一样还是不一样，并启发幼儿思考为什么不一样。经过讨论，幼儿会发现，测量的工具大，量的次数就少，测量的工具小，量的次数就多这个道理。

引导幼儿理解测量单位与测量结果之间的关系对大班幼儿是十分重要而有意义的。因为测量单位与测量结果之间的关系实际上就是数学中的函数关系，幼儿虽然不懂什么叫函数，但通过对这一关系的理解，渗透了相对性的思想并有利于思维灵活性的发展。

幼儿园几何形体概念的教育

幼儿的几何形体教学是幼儿园数学教育的重要内容。幼儿学习一些几何形体的简单知识，能帮助他们对客观世界中形形色色的物体做出辨认和区分，发展他们的空间知觉能力与初步的空间想象力，从而为小学学习几何形体做些准备。

1. 内容提要

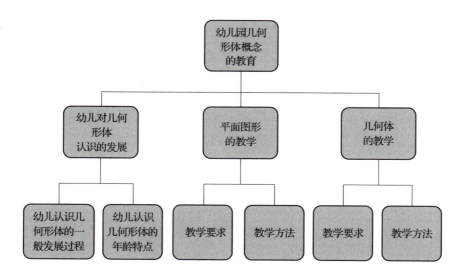

2. 教学基本要求

初步掌握平面、几何体的教学；能够独立选择教具、制作教具及上课。

第七单元　幼儿园几何形体概念的教育

第一课　幼儿对几何形体认识的发展

几何形体包括平面图形和立体图形。平面图形如正方形、长方形、三角形等。立体图形如正方体、长方体等。

一、幼儿认识几何形体的一般发展过程

幼儿在婴儿期就具有分辨所熟悉的物体外形差异的能力。他们见到自己的奶瓶就会手舞足蹈，妈妈来了露出笑脸，而见到陌生人的表情紧张甚至啼哭起来。但这种辨别物体外形特征的能力与辨别几何形体不是一回事。

幼儿认识几何形体的一般发展过程，可以从不同方面予以研究。

（一）认识几何形体的难易顺序

（1）先平面后立体。

（2）认识平面图形的难易顺序，据我国的一些研究，比较一致的看法是先圆形后正方形、三角形、长方形、半圆形、椭圆形和梯形等。

（3）认识立体图形的顺序是球体、正方体、圆柱体、长方体和圆锥体。

以上发展顺序主要是与幼儿生活经验有关，幼儿日常生活能经常接触到的形状认识得较早。同时与形体本身的复杂程度也有关系。

（二）形体的感知与词的联系

幼儿认识几何形体在心理上对图形的知觉，它属于空间知觉的范畴。从幼儿感知几何形体的外部形状到能用相应的词予以表达，其中有个发展过程，即配对→指认→命名过程。

经过这一过程的幼儿达到初步认识图形的目的——说出几何图形的名称。

配对是指找出与范例图形相同的图形。指认是按成人口述图形的名称，找出或指出相应的图形。命名是说出给定图形的名称。找出相同的几何图形，这是对几何图形的感知问题，是一种感性积累和认识几何图形的前奏。指认是形状知觉与相应词汇建立联系，要依据说出的词而不是直观图形，引起相应的图形表象才能做出正确的选择。对图形的命名，是用抽

象的词来称呼相应的图形，它是在图形感知与相应词汇之间联系的基础上，用积极的词汇来表示图形，所以命名是初步认识某种图形过程的完成。几何图形认识的这一发展过程，不仅可以作为认识图形的三种形式，也可以作为幼儿认识几何图形逐步提高的一种具体要求。图形的感知与词的联系是从对图形本身的认识发展过程来观察的，未涉及图形与客观事物的联系。

（三）形体与实物形状的联系

几何形体与实物等同是将几何形体理解成日常的玩具或物体，并按照他们所熟悉的物体名称命名几何形体。如圆形叫作"太阳""皮球"；正方形叫作"手绢"；三角形叫作"红领巾"；圆柱体叫作"茶杯""管子"；长方体叫作"鱼缸""火柴盒"，等等。这种将几何形体与物体相混淆的现象，实际上反映了幼儿尚未完全认识有关形体，还没有达到正确认识和命名有关形体的水平。

在成人教育的影响下，幼儿对图形的知觉逐步得到改善，他们已不再把图形与物体等同起来，而只是比较它们。如圆形像"盘子"，三角形像"红领巾"。这种比较性的称呼是在幼儿正确认识和掌握了几何形体名称的基础上发展起来的，而且是从形体出发对照实物形状做出比较的结果。

幼儿把几何形体作为区分实物形状的标准，即幼儿能将几何形体作为样板（标准），按照它来区分或选择物体。如说出大盘子、小碟子是圆形的，皮球、苹果是球体等，或者按照形体选择出相应的物体。这时幼儿是从客观事物出发，以几何形体为标准，确定物体的形状，既不混同也不是比拟，是在几何形体与实物之间建立起既有区别又有密切联系的灵活关系，从而能将有关形体的知识运用到实际生活中去。

（四）幼儿感知形体方法的发展过程

幼儿认识几何形体需要通过视觉和触觉的联合活动，并辅以语言，才能达到对形体的充分感知。了解幼儿这方面的发展，有利于改进幼儿认识形体的教学方法。国外研究资料说明，幼儿学习运用视觉和触觉感知形体的方法也有一个发展过程，表现出一定的特点：

视觉方面：3岁幼儿用视觉感知形体时往往是匆忙的，他们常常只草率地看一眼，因而难以分辨一些相似的形状，如正方形与长方形、圆形与椭圆形，或只注意到形体的某一个特点，如说三角形是"有尖的"；4岁幼儿认识形体时的眼睛运动只注意到图形的外部，好像在观察图形的大小；5~6岁幼儿的眼睛则能沿着图形外部轮廓运动，所以能注意到图形的典型部分（角和边），从而获得对图形的确切感知。

触觉方面：3岁幼儿触摸形体时，手的动作只是去抓握物体而不是去抚摸；4岁幼儿则用一只手掌和手指的根部触摸，指尖不参加触摸过程；5~6岁幼儿开始时会用两只手触摸物体，然后可以朝相反和相向运动，最后达到会用指间连续的触摸感知形体的整个轮廓，可以获得对形体比较完整的感知。

二、幼儿认识几何形体的年龄特点

（一）3~4岁，在正常的教育下，小班幼儿能达到的发展水平

（1）对平面图形具有较好的配对能力。研究证明，对圆形、正方形、三角形、长方形、半圆形、椭圆形，甚至包括梯形、菱形和平行四边形在内，绝大部分小班幼儿都能按照范例找出相同的图形。

（2）大部分小班幼儿对圆形、正方形和三角形能达到正确认识的水平。表现为：①不仅能正确配对、指认，而且能做到正确命名；②能按照这些图形找出周围环境中相应的物品。

（二）4~5岁，在小班教育的基础上，中班幼儿认识平面图形的能力进一步发展

（1）扩展了正确认识平面图形的范围，能正确认识长方形、半圆形、椭圆形和梯形。

（2）能理解平面图形的基本特征。平面图形的基本特征是指图形中角和边的数量。角和边的数量，将平面图形做出区分。如正方形的基本特征是四个角、四条边，四个角一样大，四条边一样长；长方形也有四个角、四条边，但两条边长，两条边短，两条对着的边一样长；三角形有三个角、三条边等。

（3）能对相类似的平面图形进行比较，找出它们的相同和不同。如正方形和长方形比较，圆形或椭圆形比较。

（4）能做到图形守恒。由于对平面图形基本特征的认识，中班幼儿能做到不受图形大小、颜色和摆放位置的影响，正确辨认和命名。例如，能从许多不同图形中将不同颜色、不同角度的三角形（见下图）都挑选出来，并说明：因为它们都有三个角、三条边。

（5）能理解平面图形之间的简单关系，表现为能对他们所认识的图形进行分、合、拆、拼的转换。如正方形（长方形）可以分成两个长方形、两个三角形或四个正方形（长方形）、四个三角形等。

（6）对使用平面图形拼搭物体表现出很高的积极性和一定的创造性。

（三）5~6岁

大班幼儿除了进一步提高在中班所具有的图形守恒和拼搭等能力外，认识几何形体能力的发展主要表现在以下两个方面：

1. 进一步理解图形之间的关系

首先，大班幼儿能理解图形之间较复杂的组合关系。图形之间的关系不仅表现为一个图形可以由几个同样的其他图形组成，还可以由几个不同的图形组合而成。例如，长方形可以由四个小长方形或三角形拼成，也可以由一个梯形和两个三角形或一个长方形和四个三角形合成，等等。

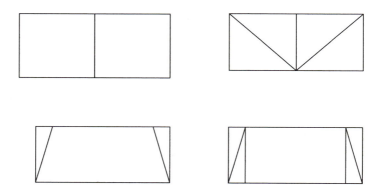

其次，国外有资料说明大班幼儿可以在一定抽象的水平上来概括和理解图形之间的关系。如正方形、长方形、梯形、菱形、平行四边形等，可以概括称为四边形，因为这些图形都有四个角和四条边。这种从图形的基本特征出发，以一个更广泛的名称来概括一类图形的名称，是幼儿对图形的知识逐步系统化，发展了他们的初步抽象思维能力。因此，有的国家将四边形及其特征的知识列为大班认识几何形体的内容。

2. 能认识一些基本的立体图形，做到正确地命名并知道它们的基本特征

基本立体图形包括球体、圆柱体、正方体、长方体。例如正方体有六个面（上下、前后、左右），六个面一样大，都是正方形，把它放在桌面上，不管怎么放，都不能滚动；圆柱体的上下两个面是一样大的圆形，中间上下一样粗，把它平放在一个平面上，会前后滚动，像一根柱子等。

第二课 平面图形的教学

一、教学要求

（一）小班

教幼儿认识圆形、三角形和正方形，能根据图形的名称取出图形并说出名称。

（二）中班

（1）教幼儿认识长方形、椭圆形和梯形，能正确说出名称和认识图形的基本特征（如长方形有四个角、四条边，四个角一样，两条边长，两条边短，对着的两条边一样长），能从周围环境中取出和图形相似的物体。

（2）能不受颜色、大小及摆放位置的影响，正确辨认和命名图形。

（3）初步理解图形之间的简单关系，如一个正方形可以分成两个长方形和四个小正方形等，并能运用图形按要求和自由拼搭。

二、教学方法

（一）认识平面图形（以下简称图形）的方法

1. 通过观察和触摸，让幼儿在感知图形的基础上说出图形的名称

幼儿认识图形是图形知觉问题。幼儿认识图形的教学，首先要让幼儿知道感知图形，在充分感知而且获得有关图形的感性经验的基础上，再配以说出的词，达到正确命名图形的要求。因此，教师应运用观察、触摸的方法，让幼儿感知图形。开始时，应尽量选用生活中接近平面图形的物体，让幼儿从实际出发感知图形，然后再用标准的图形。例如，小班幼儿认识圆形，教师先让幼儿观察圆镜子（或圆盘子、圆盒盖等），提出"镜子是什么形状"的问题，再让幼儿用指尖沿着圆形边缘和面触摸，让幼儿感知镜子的面是平的，边缘是光滑的，它是圆形的。应分发给每个幼儿一个圆形硬纸片（或塑料片），让他们反复充分地观察和触摸，在获得清晰体验的基础上，再让幼儿描述自己对于图形触摸后的感受并说出名称。这个过程是对图形的感知与词相联系的过程，是重在发展图形知觉，重在让幼儿在头脑中建立各种图形的直观形象，使之成为正确认识图形的基础，也为以后发展空间想象力做准备。同时，在这个基础上叫出图形的名字，就蕴涵了一定的感性内容，而不是空洞的词汇了。

通过感知认识图形对幼儿园各年龄班均十分重要，尤其是在小班应主要运用这种方法认识新的图形。

2. 通过图形和图形的比较认识图形

通过对图形的观察比较，让幼儿区别不同图形的特征，从而认识新的图形，这是在已经认识图形的基础上进行的。通过找出两个相近图形的相同点和不同点，在比较中掌握新的图形名称及其特征，这种方法多用于中班认识新图形的教学。例如，认识长方形，可以把长方形与已经认识的正方形进行比较。应使用长方形的宽和正方形的边长一样长的两张图形进行重叠比较（长方形在下面，正方形重叠在上面），这样可以明显地看到长方形有两条相对的比较长的边，认识长方形的主要特征。这时再让幼儿比较长方形和正方形的相同点（都有四条边和四个一样大的角）和不同点（正方形的四条边都

一样长，长方形有两条对着的边长，另外两条对着的边短），从而认识长方形的基本特征。同样也可用圆形和椭圆形的比较来认识椭圆形及其特征。

（二）复习平面图形的方法

1. 图形分类

按不同的图形分别归类，感知集合的重要教育内容，能巩固对图形的认识。图形分类的内容及要求，应视不同年龄班和幼儿已有的知识水平有所区别，并逐步增加难度，提高要求。例如，最初对相同颜色的不同图形分类，继而对相同颜色、不同大小的图形分类，即同类图形中有大的和小的；然后再增加颜色的干扰因素，即同类图形都有大小和颜色的不同；最后让幼儿对不同颜色、不同大小的图形自定分类标准和自由分类，并说出分类的理由。（如下图）

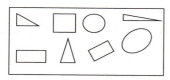 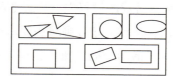

1）寻找相似图形

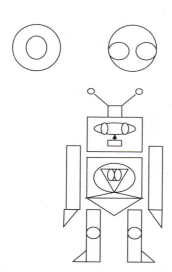

2）寻找与图形相似的物体

引导幼儿在周围环境中，运用已经掌握的几何图形知识，寻找与几何图形相似的物体或物体的某一部分。这样使幼儿对几何图形的认识从抽象概括的图形又回到了具体的物体，扩大了幼儿的视野，丰富幼儿对几何图形的认识，发展幼儿的观察力和空间想象力。

可以让幼儿在教室内寻找，看看哪些东西像什么形状。在教室内寻找后，可以把幼儿引向更大的空间，如整个幼儿园、家里或其他地方，让幼儿凭记忆，想一想"什么东西像什么形状"，这种寻找较为困难，教师不要急于让幼儿回答，可事先向幼儿交代观察的任务，如"小朋友回家找找看，家里有哪些东西像正方形，明天告诉老师和小朋友"，等等，使幼儿能有目的地寻找。

2. 在游戏和操作活动中巩固对图形的认识

有各种各样的巩固对图形认识的游戏和操作活动：

（1）运用玩具进行图形游戏。玩具是以几何图形为基本形状设计的，幼儿在使用玩具游戏的过程中，自然地起到了复习图形的作用。

（2）涂色活动。按教师口头要求或范例，将不同图形涂上各种颜色。

（3）拼图活动。提供幼儿各种图形，让幼儿按照范例图，用几何图形进行拼图的活动。幼儿自由拼图是一项十分有益的活动，它不仅能够复习巩固对图形的认识，理解图形之间的关系，也是发展幼儿想象力的有效手段。

（4）折叠活动。发给每个幼儿一些简单的几何图形纸（如正方形、长方形、三角形等），让幼儿折叠分割成各种几何图形，以巩固对图形之间关系的理解。

3. 在绘画、手工等活动中巩固对图形的认识

绘画是幼儿喜爱的活动，绘画中，幼儿可以运用图形的知识，创造性地表达出对周围事物的认识。同时，绘画中需正确掌握人物及物体的比例结构、对称关系及空间位置等，这些均有益于发展幼儿的空间想象力。折纸、粘贴画和编织物品等手工活动，在图形的组合、转换过程中，更能起到巩固和加深对图形之间关系理解的作用。

示范教案 13

授课科目：幼儿园数学教育	授课班级：小班	设计教师：
活动名称：认识三角形		

第七单元　幼儿园几何形体概念的教育

续表

授课科目：幼儿园数学教育	授课班级：小班	设计教师：
活动目标： 1. 知道三角形的主要特征，即三角形由三条边、三个角组成。 2. 能找出生活中和三角形相似的物体。 3. 乐意动手操作，提高观察力和空间想象力。		
活动重点：掌握三角形的特征。（选填）		
活动难点：提高观察力和空间想象力。（选填）		
活动准备： 1. 小白兔、萝卜、蘑菇图片各 1 张。 2. 图形组成的实物图片 4 张。 3. 三角形若干。		

活动过程：

一、开始部分。

　　故事导入：今天是小白兔的生日，早晨小白兔高高兴兴地从家里出来，它要去采蘑菇，走着走着它看到一个大萝卜，小白兔捡起大萝卜继续往前走，走到蘑菇地里采了一个大蘑菇高兴地回家了。（用 PPT 或动画展示小白兔行走路线）

二、基本部分。

第一层次：观察小白兔的出行路线。

　　教师在黑板上用尺规范地画出三角形（小白兔行走路线），并向幼儿讲解三角形的特征。

第二层次：幼儿感知三角形的基本特征。

　　分发材料包，每个幼儿保证有一个三角形（钝角、锐角、直角）卡片。

　　幼儿自主操作，教师重点引导：

1. 引导幼儿用手触摸，寻找边和角。

授课科目：幼儿园数学教育	授课班级：小班	设计教师：

2. 引导幼儿有顺序地点数三角形的边和角。

3. 引导幼儿充分感知每一个三角形。

第三层次：幼儿在小组中汇报、交流探索的结果。

1. 每组请 1 名幼儿汇报本组探索的结果。

教师启发引导："你刚才玩的是什么图形？它有几条边？几个角？"

2. 提升幼儿经验。

教师让每个幼儿举起自己拿的三角形，提醒幼儿仔细观察自己的三角形和别的小朋友的三角形外形是否一样？有的三角形不一样，但为什么都叫作三角形呢？

教师小结："这些图形都有共同的特点，那就是都有三条边、三个角。我们把这种有三条边、三个角的图形叫作三角形。"

三、结束部分。

1. 教师提问：在生活中，你看到过哪些物品是三角形的？鼓励幼儿大胆说说。（三角尺、红领巾等）

2. 观察图形拼图，找出三角形，数一数用了几个三角形。

3. 请幼儿在周围环境中找出像三角形的物品。

4. 师生小结。

今天我们学习了什么？（三角形）我们把这种有三条边、三个角的图形叫作三角形。

四、活动延伸。

在美工活动中，可以让小朋友给不同大小的三角形涂颜色，进一步感知三角形的特征。

> **教案评析：**
>
> 小班幼儿的思维是具体形象思维，本课以故事形式引出"三角形"能够吸引孩子的兴趣，在动手摸一摸、比一比的过程中加深了幼儿对三角形的认识，教师及时小结使孩子获得知识的完整性。在巩固练习环节中，提高了幼儿的观察力和空间想象力，为今后几何图形的学习打下了坚实的基础。

第三课 几何体的教学

认识几何体的教学是在大班进行的。

一、教学要求

（1）教幼儿认识球体、圆柱体、正方体和长方体，能正确说出名称和基本特征（如球体，不管从什么方向看都是圆的，把它放在平面上，可以向任何方向滚动），能从周围环境中找出相同的物体。

（2）教幼儿区分平面图形和几何体，知道平面图形只有长短、宽窄，几何体有长短、宽窄和高低（厚薄）。

二、教学方法

（一）运用触觉感知形体及其特征

帮助幼儿认识几何体时，要让幼儿充分用手去触摸、摆弄几何体，感知几何体的特征。例如，教幼儿认识球体时，教师准备各种大小不同的皮球、乒乓球、玻璃球等分发给幼儿，让他们充分用手触摸，感知其浑圆光滑等特征，然后还可以让幼儿摆弄这些球体，请他们将球放在桌上，甚至在地上滚动几下，看到球体能向各个方向滚动，而且滚来滚去都是圆的。

（二）通过自然测量认识形体及其特征

在帮助幼儿认识几何体时，也可启发幼儿用小棒测量正方体的棱，使幼儿知道正方体的各条棱都是一样长的；测量长方体的棱，知道长方体的棱有长有短，相对的几条棱是一样长的。也可以用正方形、长方形、圆形的纸片为工具，测量正方体、长方体或圆柱体几个面的大小，从而认识几何图形的特征。例如，认识正方体时，以正方体积木为教具，教师可选用一张与这块积木的面等大的正方形纸为测量工具，把正方形纸分别重叠在正方体积木的每个面上，看看几个面是否一样大，再数数有几个正方形的面，让幼儿认识正方体有六个一样大小的正方形的面。也可以让幼儿认识正方形与正方体的不同之处，辨别平面与立体的差异。

（三）运用重叠比较认识形体及其特征

把两个不同的几何体进行重叠比较，也是认识几何体的一种有效方法。它能在对比中突出几何体的特征，使幼儿在原有几何体知识的基础上获得新的知识。例如，认识长方体，可以用已经认识的正方体和长方体进行重叠比较（要求长方体两个对称的面与正方体的面一样大），让幼儿看到长方体也有六个面，但它的六个面与正方体不一样，不是一样大小的。长方体有四个面是长方形，还有两个面可以是长方形也可以是正方形。

（四）通过粘贴活动认识形体及其特征

可让幼儿进行手工活动，通过对纸张的裁剪、粘贴，使幼儿具体感受到立体的东西是由面来构成的，感受到几何体面的大小及其数量等特征。例如，认识正方体时，先发给幼儿每人一张涂了六种颜色的硬纸片，教师出示同样纸片做成的正方体，把它一一拆开，让幼儿形象地看到它有六个一样大的正方形的面；再将它粘成一个正方体，使幼儿对正方体有一个初步的形象认识；然后，让幼儿把自己手中十字形的硬纸片做成正方体。通过这种粘贴活动，使幼儿认识几何体及其特征，同时也培养孩子动手操作的能力。

（五）采用多种活动形式巩固对几何体的认识

1. 寻找活动

引导幼儿按教师要求寻找与几何体相似的物体。可让幼儿在自然环境中，或在布置好的环境中，或运用记忆表象来寻找哪些东西是正方体的，哪些是球体的，等等。

2. 分类、排序活动

让幼儿按几何体的特征正确地进行分类。也可给幼儿各种几何体,让他们按一定规则进行排序,加深对几何体的认识。

3. 拼搭活动

各种大小的积木都是较好的几何体,让幼儿按照自己的构思,根据几何体积木的特征,选择最适宜的积木正确放置,拼搭成小木房、大轮船、滑梯等,不仅可以加深幼儿对几何体的认识,也学到了拼搭的技能。

示范教案 14

授课科目:幼儿园数学教育	授课班级:大班	授课教师:
活动名称:长方体和圆柱体(认识立体图形)		
活动目标: 1. 认识长方体和圆柱体,简单了解它们和长方形、圆形之间的关系。 2. 长方体和圆柱体组合造型,培养幼儿空间想象力。		
活动重点:了解长方体与圆柱体的主要特征。(选填)		
活动难点:感知、发现长方体与圆柱体的不同特征。(选填)		
物质准备: 1. 搜集长方体和正方体的玩具及物品。 2. 同等大的长方形、圆形若干。 3. 若干纸条。		

活动过程:

一、开始部分。

师:"小朋友,老师带来了许多好玩的玩具(球体、圆柱体、长方体、正方体等),我们一起来玩一玩。"

授课科目：幼儿园数学教育	授课班级：大班	授课教师：

二、基本部分。

第一层次：幼儿在玩中探索发现玩具的特征，并进行分类。

教师给每组分发材料包（球体、圆柱体、长方体、正方体等包装盒，红色、蓝色的篮子），让幼儿任意挑玩具，自由玩。

教师提问："刚才你们发现了什么？他们能滚动吗？"

教师要求：幼儿把能滚动的玩具放到红色的篮子里，把不能滚动的玩具放到蓝色的篮子里。

第二层次：以小组为单位，让幼儿对长方体和圆柱体进行测量，在测量中验证它们的特征。

1. 看一看能滚动的玩具是什么样子的？看一看不能滚动的玩具是什么样子的？

教师小结：小朋友观察得真仔细，那这个圆圆的玩具（圆柱体），它两边的圆一样大吗？（一样大）这个长方形的玩具每个面一样大吗？（不一样大）

2. 老师出示纸条，幼儿动手测量，不断验证自己的想法，最后得出结论。

3. 教师小结：这种身体像柱子一样，而且上下中间一样粗，两头都是一样大的圆形的物体，我们称它为圆柱体，圆柱体放倒了只能朝一个方向滚动。这种身体像盒子一样，有六个面，十二条边，一种每个面都是长方形，另一种四个面是长方形的，另外两个面是正方形的物体，我们称它为长方体。

三、结束部分。

以小组为单位，幼儿在叠一叠、摆一摆中加深对长方体、圆柱体特征的认识。

1. 老师这里有一些长方形、圆形的雪花片积木，请小朋友先来玩一玩、数一数、说一说自己是怎么玩的。

2. 请小朋友们说一说，你见过哪些物品是圆柱体的？哪些是长方体的？

3. 师生小结：这些圆柱体的物品大小不一样，高矮不一样，粗细不一样。这些长方体的物品大小不一样，它们都有六个面，一种六个面都是长方形，另一种两个面是正方形、四个面是长方形。

四、延伸活动。

请小朋友回家后，调查家中有多少长方体和圆柱体的物品，并完成调查表。

第七单元　幼儿园几何形体概念的教育

教案评析：
　　本课设计的活动目的和环节，始终让幼儿在玩中学。通过触摸、比较，幼儿能够掌握球体和圆柱体的基本特征，突出了教学重点。通过游戏活动，让幼儿处于乐学状态去感知、发现长方体与圆柱体的不同，突破教学难点。

幼儿园空间和时间发展及教学

1. 内容提要

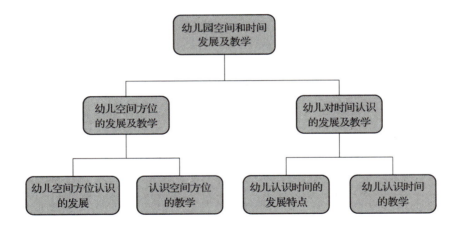

2. 教学基本要求

知道在日常生活中对幼儿进行时间教育,初步掌握教幼儿认识整点、半点及认识空间方位的教学。

第一课 幼儿空间方位的发展及教学

教幼儿辨别空间方位,主要是教幼儿辨别客体的上下、前后和左右的位置,使幼儿获得一些初步的空间知识,发展幼儿空间知觉和空间想象力,以便更好地适应日常生活。

一、幼儿空间方位认识的发展

(一) 空间方位和对空间方位的辨别

1. 什么是空间方位

任何客观物体在空间中均占有一定的位置,并且同周围的物体存在着空间上的相互位置关系,这就是物体的空间方位,也可称为物体的空间位置。空间方位以上下、前后、左右等词汇表示。

2. 空间方位的辨别

空间方位的辨别,是指人对客观物体在空间中所处位置关系的判断。确定物体方位需要一个立足点,即以什么为坐标来确定客体的位置。没有这个立足点就无法辨别客体的空间方位,说不清客体的上下或左右。如一位小朋友站在桌子与椅子的中间,如果以桌子为坐标小朋友就在桌子的后面,如果以椅子为坐标,小朋友就在椅子的前面,由于立足点不同,小朋友的方位就截然相反。所以教幼儿认识空间方位时,向幼儿讲明并使之掌握判别客体的立足点,是很重要的。

(二) 幼儿辨别空间方位的难易顺序

幼儿只是掌握基本的空间方位及其词汇,即上下、前后、左右。它们表示着以某物为坐标的三个轴(横向的、竖直的和纵向的)的三对相对应的基本方向。竖直的相对方向是上下,纵向的相对方向是前后,横向的相对方向是左右。另外,还有水平方向——东、南、西、北,对此幼儿难以理解,不列为幼儿园数学教育的内容。

国内心理学研究比较普遍地认为,幼儿认识空间基本方位的顺序是先上下,再前后,最后是左右。出现这种情况的原因,主要是由方位本身的复杂程度决定的。

(三) 幼儿辨别空间方位的过程

幼儿辨别空间方位要经过以自身为中心的定向逐步过渡到以客体为中心的定向过程。

1. 以自身为中心的定向

幼儿辨别空间方位，首先是从自身开始并以自身为坐标来辨别周围客体的方位。离开了自身这个中心点，幼儿难以辨别方位。

2. 以客体为中心的定向

以客体为中心的定向，是从客体出发确定与其他客体之间的相互位置关系。例如，树的上面有小鸟，树的下面有小草，娃娃的前面有小汽车，娃娃的后面有积木。

3. 幼儿辨别空间方位区域的扩展

幼儿辨别空间方位的区域是随着他们年龄的增长而不断扩展的。

3—4 岁幼儿所理解的上下、前后和左右的区域十分有限，仅限于能直接感知到的范围内。如自己身体的部位，挨着和靠着自己离自己身体不太远且正对着自己身体的物体。物体必须是在正对着自己身体的上下、前后和左右的狭窄的空间范围之内，对于稍微有些偏离和倾斜的物体，幼儿就不能正确地辨别其方位了。

二、认识空间方位的教学

（一）教学要求

小班：

（1）让幼儿区分并说出以自身为中心的上下方位：自己身体部位的上下位置和在自己的上面和下面物体的位置。

（2）让幼儿认识并说出近处物体的上下位置。

中班：

（1）让幼儿区分并说出以自身为中心的前后方位：自己身体部位的前后位置和在自己的前面和后面物体的位置。

（2）让幼儿区分并说出物体与物体之间的上下、前后位置关系。

（3）让幼儿学会按指定的方向运动，如向上、向下、向前、向后。

大班：

（1）让幼儿区分并说出自身的左手和右手以及自己与物体的左右关系。

（2）让幼儿辨别物体与物体之间的主要关系。

（3）让幼儿学会向左或向右方向运动。

（二）教学方法

（1）让幼儿用感知描述方法，区分自己身体的上下、前后、左右部位，初步掌握有关方位的词汇及含义。幼儿对空间方位的认识是从对自己身体有关部位的方位认识开始的。对自己身体有关部位的认识，直接的自我感知为最有效的方法。在感知的基础上，配合词的描述，使幼儿对空间方位的认识有了初步的概括理解。例如，小班认识上下，先请幼儿想想自己身体的上面有什么，下面有什么。启发幼儿摇摇头、动动脚以取得对这些部位的感知，然后再说出身体的上面有头、下面有脚。将身体的部位与有关方位词联系起来，使幼儿获得建立在直接感知的感性基础上的空间方位认识，其目的是初步理解方位词的含义，而不是身体的部位，所以应突出和重复"上下""前后""左右"的词。

（2）让幼儿通过观察、操作和游戏等方法，认识自己和物体以及物体与物体之间的位置关系。在幼儿认识了自身有关部位以后，要进一步引导幼儿辨别自己与物体的方位关系，最后达到能正确判断物体之间方位的关系。认识自己与物体及物体与物体之间的方位关系均可让幼儿用观察、操作以及游戏等方法学习，必要时教师可做示范讲解。

（3）用讲解演示法，帮助幼儿理解空间方位中的困难问题。例如，幼儿在辨认面对客体的左右方位时遇到困难，产生了左右混淆现象。对此，教师应做出必要的讲解和演示，帮助幼儿正确理解和辨认。应告诉幼儿，当小朋友们面对着老师的时候左边是窗户，右边是门，而转个身背朝老师的时候，就变成左边是门，右边是窗户了，左右的位子和原先的相反了，并让幼儿照此做一遍以体验和验证这个道理。在这个基础上，教幼儿区分对面的物体与物体的左右方位，教师可以出示三件玩具：面对幼儿依次排列着大象、娃娃和小熊猫，问"大象在娃娃的左边还是右边？"这个问题往往使幼儿感到犹豫，难以解答，或者多数幼儿从自身的左右出发做出错误的判断，说大象在娃娃的左边（如站在对面娃娃的立场，大象应在右边）。对此，教师可进行讲解演示，向幼儿具体说明如何判断站在自己对面物体的左右方向。

(4) 在幼儿一日生活及各种活动中进行空间方位的教育。幼儿空间方位的教育除必要的上课外,可大量地在一日生活的各种活动中进行,因为幼儿一日生活的各种活动随时都需要幼儿对方位做出判别。因此,从幼儿入园的第一天就可结合各种活动让幼儿学习辨别各种方位。如排队或散步时谁在前面,谁在后面;做早操时,手往上举,蹲下来;吃饭时,请小朋友左手扶碗,右手拿勺等。在音乐和体育活动中,离不开向上向下、向前向后、向左向右等动作的运动方向。教师要善于利用各种机会,通过幼儿自身的各种活动学习辨别方位。

示范教案 15

授课科目：幼儿园数学教育	授课班级：大班	设计教师：
活动名称：区分左和右		
活动目标： 1. 能以自身为中心区分自己身体的左右,分清自己的左边和右边。 2. 发展幼儿的空间方位知觉和判断力。 3. 初步培养幼儿按照左边和右边描述物体方位的兴趣。		
活动重点：能以自身为中心分清自己的左边和右边。（选填）		
活动难点：描述自己身体左边和右边的物体。（选填）		
活动准备： 1. 幼儿每人一个手环。 2. 活动场地布置（左右边挂上不同的毛绒玩具）。		

续表

授课科目：幼儿园数学教育	授课班级：大班	设计教师：

活动过程：

一、开始部分。

　　教师用谜语导入活动：一棵小树五个杈，不长树叶不开花，从早到晚不讲话，写字画画不离它。（手）

二、基本部分。

第一层次：区别自己的左右手。

　　教师引导幼儿举起拿笔的那只手，招招手。对于举起不同手的幼儿，教师要向幼儿做出合理的解释。引导幼儿交流做哪些事情需要右手，然后，请幼儿伸出左手摇一摇。

　　教师提问：小朋友们，你们握笔的时候用的是哪只手？请举起来。小朋友们都想一想我们做哪些事情的时候需要用到右手？

第二层次：教师组织幼儿开展竞赛游戏"听口令"。

　　幼儿把手环戴在右手上。

　　游戏规则为听口令举手。教师说右手时，幼儿举戴手环的手；教师说左手时，幼儿举没戴手环的手。

第三层次：认识身体的左右部位。

　　教师提出认识身体左右部位的要求：你身上靠左手的这边还有什么？（左眼、左耳、左脚、左鼻孔、左腿等）靠右手这边有些什么？（右眼、右耳、右脚、右鼻孔、右腿等）

　　教师组织幼儿开展游戏"点点点"。游戏规则：教师说哪里，幼儿就点哪里，比如左耳、右眼等。

　　小结：靠左手这边是左边，靠右手这边是右边。

第四层次：用语言描述自己身体左边和右边的物品。

　　幼儿站成一竖排，左边和右边挂有不同的毛绒玩具。每个幼儿依次说出自己的左边有什么、右边有什么，只要是左边和右边的都可以说，无论距离自己有多远。对于掌握不太清楚的幼儿，教师给予耐心的指导。

三、结束部分。

1. 游戏："听口令做动作"。

　　左手摸右耳；右手摸右眼；左手拍左腿；右手拍右腿；右脚跳一跳等。

授课科目：幼儿园数学教育	授课班级：大班	设计教师：

2. 游戏："学当解放军"。

用右手敬礼；左手扛枪；向右转；向左转；向左看齐；向右看齐；左脚抬起来；右脚抬起来；左脚向前跨一步、右脚向前跨一步等。

3. 师生小结。

教师提问：小朋友们今天都学到了什么？谁能告诉老师你的左边都有什么？右边都有什么？

教师小结：靠左手这边是左边，靠右手这边是右边。自己的左边和右边有什么都可以说，无论距离自己有多远。

四、活动延伸。

在幼儿自由活动或是体育活动中，教师注意引导幼儿交流自己的左边和右边分别有什么。

教案评析：

《指南》中对大班幼儿要求"能辨别自己的左右"。本活动目标与《指南》中的目标一致。活动初期，教师以一个谜语导入，将幼儿的注意力引到了手上，以是否戴手环为区分左右手的依据。活动设计三个教学层次，层层递进，抓住了教学重点。针对第三个层次中的教学难点，"教师对于掌握不清的幼儿耐心指导"，体现出因材施教原则。巩固练习中的两个游戏，既有一定的趣味性，又使幼儿复习了所学内容，设计得较为合理。

第二课 幼儿对时间认识的发展及教学

一、幼儿认识时间的发展特点

(一) 幼儿时间概念发展的一般过程

1. 对时间顺序的认识由近及远、由短周期到长周期发展

幼儿最先认识的是一日之内的三个较大的时间单位,即早晨、中午、晚上,然后认识一周之内的时序,最后是对一年之内季节的认识。

2. 先认知时序的固定性,然后认知时序的相对性

时间的顺序不是绝对不变的,如某一天晚上,相对于今天早上和中午,它又是前项了。然而幼儿对时序相对性的认识,以及时序的这种"亦此亦彼"的性质,认识较迟。当他们认识一日之内早晨、中午、晚上的时序之后,往往认为晚上总是在早上、中午之后,早晨是"第一"的,把时序看作孤立、静止和固定的,把它从整个时间中割裂开来,不懂得一天的早晨相对于昨天晚上,它又是"第二"的概念。

3. 对时序的理解是以本身的生活经验为时间关系的参照物

由于时间是抽象的,没有具体形象作支柱,因此幼儿认识时间往往把熟悉的、有兴趣的事情联系在一起作为参照物。例如,太阳升起来了,小朋友起床、刷牙,这是早晨;到幼儿园做操、做游戏,这是白天;天黑了有星星、月亮……他们这种周期性发生的生活经验,如生活作息时间,幼儿园的活动和日月运行等为参照物,对他们认知时序起着重要的作用。

4. 时间词语的发展与对时序的认知呈现出从不同步到统一结合的变化过程

幼儿的言语中表示时间的词汇出现得既晚又少。如说"早晨、中午、晚上""今天、明天、昨天",等等,只是记住了这些词的声音形象,不能确切地理解它们的含义,并没有把这些词和这些词所表达的具体特定时间对应起来。例如,他们往往用"昨天"泛指过去,"明天"泛指将来,把将要上小

学说成"明天我就要上小学了",把以前去过某地的事说成"昨天爸爸带我去某地了"。这些都说明幼儿对时间词语的掌握与对时序的认知的不同步。

幼儿随着认知的发展,对时间词开始有了理解,时间词才获得它本身的"实际意义"。幼儿开始懂得"早晨"就是起床刷牙的时间,白天是爸爸妈妈上班、自己上幼儿园的时间……进而逐渐掌握了这些词语所表达的时序关系,懂得了早晨是第一,中午是早晨之后等,最后他们才懂得"早晨"在一天中是"第一"的,但相对于昨天晚上,它又是"第二"的了,获得了时序相对性的认识,达到了时间词语对时序的认识统一结合的水平。

(二) 幼儿认识时间的年龄特点

幼儿时间概念的发展特点是越是与他们的生活有联系的时间单位,如早晨、中午、晚上等,幼儿越容易掌握。而那些与幼儿生活联系不紧密的时间单位,如分钟、小时等,则较难掌握。幼儿对时间的理解是从生活紧密联系的"一天"开始的,然后逐渐向更长和更短的时间延伸。

3~4岁幼儿能掌握一些最初步的时间概念,能认识一天的主要成分,如早晨、晚上、白天、黑夜。

4~5岁幼儿已经能够较好地理解和运用"早晨""晚上""白天""黑夜"。

在中班的基础上,5~6岁幼儿开始理解较长时间间隔的时间单位,如能认识一星期七天以及每天的名称。同时,能建立初步的时间更替的观念。

二、幼儿认识时间的教学

幼儿在日常生活中体验到各种物体在时间上的变化历程,教幼儿初步认识时间,有利于幼儿感知时间的存在,发展时间知觉,而且帮助幼儿树立时间概念,养成良好的生活习惯。同时幼儿对时间顺序性、周期性等的理解,可以加深幼儿对次序关系、整体与部分关系的认识,提高思维的抽象水平。

(一) 通过看图谈话认识时间的教学

教师可以设计一些表现出不同时间的图画,让幼儿看图回答与时间有关的问题,从而达到认识时间的目的。例如,设计太阳刚刚升起,大公鸡叫了,小朋友在穿衣服的图画,表现出早晨的情景,让幼儿回答这是什么时候,小朋友在做什么等问题，使幼儿认识早晨的含义。再如设计一幅图画，小朋友在脱衣服，天空有星星、月亮，家里电灯亮着，边上有三个钟，分别为九点钟、四点钟、六点钟。教师说小朋友每天晚上九点睡觉，家里哪个钟是对的，其他钟不准了，让幼儿指出九点的钟面。

（二）通过游戏活动认识时间的教学

各类游戏活动是幼儿认识时间的主要途径之一。在角色游戏中，娃娃家里的爸爸早晨上班，晚上下班回家吃饭；娃娃家里的妈妈白天带娃娃去公园玩，中午喂娃娃吃饭，夜晚让娃娃睡觉，等等，以此来让幼儿不断地理解早晨、白天、晚上、黑夜的时间观念。再如，音乐游戏"开火车"，幼儿听音乐做要求动作，嘴里念儿歌："嘿嘿！我们的火车要开了，我们的火车要开了。"这时大家停在原地不动，问："几点开？"一位幼儿做站长，发出信号"2点开。"脖子上挂有指针指向2点的钟面卡片的幼儿上来一起做开火车动作，重复念儿歌继续邀请。在这愉快的游戏活动中巩固对钟面的认识。

（三）通过日常生活中的谈话与活动认识时间的教学

教师可利用日常生活中与幼儿交谈的机会，让幼儿理解时间概念，帮助幼儿丰富关于时间方面的知识。例如，晨间谈话时，教师可让幼儿讲解早晨来幼儿园之前，在家里干了什么？早饭吃了什么？对大班孩子可问问他们是几点钟起床的？离园前与幼儿交谈，今天白天在幼儿园学到了什么？中午吃了什么菜？还可以谈谈昨天值日生是谁？他做得怎样？今天值日生是谁？明天谁是值日生？让幼儿体验到昨天的事情已经过去了，今天的事正在做，明天的事还要做，要睡一个晚上才是明天。

（四）运用讲解演示法教幼儿认识时钟整点、半点的教学

1. 出示时钟讲解用途

教师可以通过给幼儿猜谜语的方式出示时钟，如："会走没有腿，会说没有嘴，它能告诉我们什么时候起来，什么时候睡觉。"幼儿猜对后出示时钟。也可以通过钟的闹铃声响，让幼儿猜是什么，再出示时钟。还可以直接出示电钟、闹钟、电话钟等各种不同形状的钟给幼儿看，让幼儿知道它们都是钟，然后引导幼儿了解钟有什么作用。通过幼儿讨论，教师讲解，让幼儿知道钟

能告诉爸爸妈妈什么时候上班，小朋友什么时候到幼儿园等。

2. 引导幼儿观察，认识钟面的结构

引导幼儿观察钟面上有什么，让幼儿知道钟面上有112个数字，这些数字是按1、2……12的顺序排列的。由于幼儿没有认识过数字11、12，故应该重点解释这两个数字，并让幼儿学会读这些数字。还应让幼儿知道钟面上有两根针，长的叫分针，短的叫时针。

3. 演示讲解时针、分针转动的方向及规律

教师把时针、分针都拨到12上，以演示时针、分针都是顺着1、2……12的方向走动的。提醒幼儿看清楚分针走得快，时针走得慢，分针走一圈，时针才走一个数字，使幼儿知道当分针走一圈，时针只走一个数字，表示过了一个小时。

4. 多次演示讲解整点（或半点）

演示整点时要强调分针从12开始，沿着1、2……的方向行走，又到12上，如果时针走到数字3上时，就表示3点整。同样，多次演示讲解4点整、8点整、10点整等。由于12点整时时针循环了一圈儿，时针与分针重叠在一起了，因此12点整应着重解释。

讲解半点时，强调分针从12开始，沿着1、2……的方向行走，走到6字上，如果时针处在数字1过去一点时，表示1点半。再多次演示3点半、7点半、9点半等。6点半应着重解释。

5. 总结整点、半点规律

教师在多次演示讲解整点的基础上，可以告诉幼儿，"分针在数字12上，时针在几，就是几点整"，从而让幼儿掌握规律，认识整点。教师在多次演示讲解半点的基础上，可以告诉幼儿"分针在数字6上时，时针在几过去一点就是几点半"，让幼儿掌握规律，认识半点。

6. 幼儿练习、巩固对整点（或半点）的认识

教师可以分给幼儿每人一只小钟模型，老师报时间，幼儿拨钟点，通过操作活动巩固对整点、半点的认识。教师可以组织幼儿玩"送钟宝宝回家"的游戏，把钟面为6点整的宝宝送到挂有"6:00"牌号的家里，把钟面为4

点整的宝宝送到挂有"4:00"牌号的家里……使幼儿巩固对时钟整点和半点的认识。

7. 教学中应注意的问题

在教幼儿认识整点、半点的过程中，拨针时不能倒拨，一定要顺时针拨针。

游戏活动中，教师报钟点时也应有时间的顺序性。如报 6 点后再报 8 点、10 点，不能先报 10 点再报 6 点、8 点。

在认识整点、半点的教学中，先教幼儿认识整点，再认识半点。

学练结合：

结合幼儿认识时间教学，写一篇大班"认识时间"的教案，并在班级模拟教学，同学间尝试相互打分。

第九单元

幼儿园数学教育活动的评价

1. 内容提要

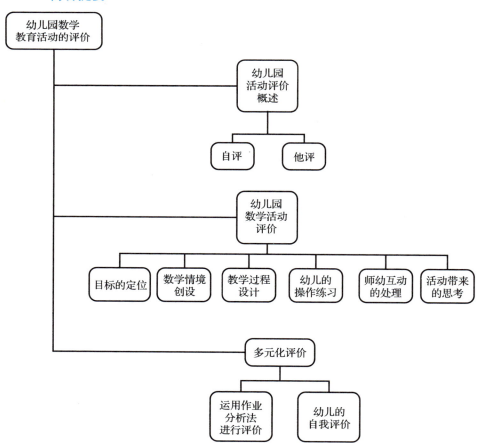

2. 教学基本要求

了解评价的价值取向、指标体系和评价的原则，重点掌握教师的组织策略评价。

第一课 幼儿园活动评价概述

任何一门课程需要有教学目标、教学内容、组织与实施和教学评价。实践上，对幼儿数学活动的评价一般包括教师的自评和他评两方面内容。

一、自评

要对某教师组织的幼儿数学活动进行客观公正的评价，并通过评价，使被评者的经验得以分享，问题引起重视和改进，被评者的自我评价工作应该是必要的。因为数学活动开展得成功与否，很大程度上与教师对目标的准确理解和围绕目标选取和制作相应的操作材料有关，也与幼儿相应的生活体验和某些必备的知识是否具备等有关。而这些如果没有教师的介绍，有时光靠看活动无法了解。另外，教师对自己组织活动的优缺点的评定，在一定程度上也能反映出该教师的教育观、儿童观，便于评估者追根寻源，从更高层次上去形成整体的认识和理解。自评主要应该包括两个方面的内容：

一是对有关情况的解释，主要是关于"为什么"的介绍。如为什么本次活动的目标这样确定，为什么要这样设计操作材料，为使目标更好的达成事先做了哪些铺垫工作，即通过什么样的方式使幼儿具备了一定的生活经验和完成活动必备的知识，等等。二是对整个活动的优缺点等进行初步的自我分析和评定。这样做既可以使其他的评估者对其进行评估时有所借鉴，更主要的则是如上所述，通过该教师的自评可以比较准确地判断其问题的存在是属于观念或认识的问题，还是临场组织能力、应变能力的不足，从而可以有针对性地提出建议。

二、他评

在被评教师做出必要的解释和自我评析后，评估者就可综合该教师的介绍、自评，特别是现场观摩的情况，对其组织的活动进行评定。一般来说，评估工作可重点围绕目标、准备、过程和效果等几个方面进行。

（一）目标

主要评价教师对教学目标的理解与选择是否准确而且符合本班幼儿实际。在对活动进行评价时，首先要结合教学活动，来评价该教师对目标特别是其中所蕴涵概念的理解是否准确而清楚。例如，活动目标是"建立有关形状的守恒概念"，教师就必须明确"守恒"的含义到底指的是什么，幼儿对形状理解到什么程度就算是达到了守恒，"有关形状"是指哪些形状，等等。

关于目标是否符合本班幼儿的实际水平，主要是考察该目标的制定是否符合本班幼儿的"最近发展区"。即多数幼儿不是一下子或很快就能完成操作任务，而是要在教师的逐步引导下，经过一定时间的独立思考、摆弄与反复尝试，才能掌握解决问题的思路或寻求到问题的答案。因为只有这样，幼儿的思维能力才能得到训练，解决问题的能力才能得到一定程度的发展。

（二）准备

主要是评价教师活动前的准备工作是否到位。活动准备主要包括两方面的准备：一是心理准备，即为顺利完成该次活动，教师专门对幼儿所做的生活经验准备和必备的数学基础知识准备。如为完成"确定方位的相对位置，理解空间关系"这一目标，事先有意通过各种游戏和活动使幼儿熟悉自己的左右，让孩子站在高楼上向下看，以体验从不同角度看物体的感觉，等等。心理准备强调的是"适度"，其含义是既不能因教师的准备工作不足而使活动中出现某些普遍的障碍，影响了幼儿活动的正常进行，也不能因准备工作过度，事先给孩子的知识或经验铺垫过多，以致使活动几乎成为以往活动的重复或复习。

活动前的准备工作还包括相应的物质准备，评价该教师组织本次活动的物质准备是否合适，最主要的是看操作材料的准备及环境布置情况。

看操作材料主要是看：①材料是否准确、全面地反映了目标及其概念；②是否有助于引起幼儿的探究发现活动；③是否便于操作，不会因为材料的不适宜而影响了幼儿活动的积极性和活动效果；④是否在一定程度上具有自动控制错误的特点。

看环境布置情况主要是看：①桌椅的摆放，小组之间的间隔，是否既有利于幼儿之间的交流、讨论，又不影响其充分操作；②能否主动创设与活动内容相配合的环境，或充分利用环境中已有的内容作为活动的补充或延伸。

(三) 过程

主要是根据数学活动的特点与要求，对教师实际组织活动的指导思想、方法、水平等进行评价。包括：

1. 活动模式判断

对某个数学活动进行评估最重要的一项内容，是根据活动开展的基本程序来判断其是否符合探究活动的模式，即整个活动的组织过程是围绕着探究发现的活动模式进行还是仍然沿袭了以往传递式的活动模式。

2. 活动层次判断

就是考察活动的组织是否层次分明，由浅入深，逐步提高难度以最终实现目标；是否体现了使幼儿的思维由具体到抽象、由零散到综合，再在综合的基础上的发散，从而达到其认识水平逐步深化的过程。

幼儿的心理特点和思维发展特点是对可操作的东西感兴趣；对新奇的东西感兴趣；对既能引起思考，又不是不知所措的东西感兴趣。因此，教师为使活动顺利进行，就要充分考虑以何种活动作为开始能更好地引起幼儿动手、动脑的欲望。另外要考虑的是，如何逐步增加难度使幼儿的思维水平不断深入。根据我们的经验，难度的层次可以从以下几方面体现：

（1）操作材料：由具体到抽象，从实物到图片再到符号。

（2）操作要求：由不限定解决问题的方法到限定解决问题的方法，或由不限制试误的次数到限制试误的次数。

3. 教师指导水平判断

主要从以下几个方面进行评价：

（1）教师是否能清楚而明确地向幼儿交代活动的任务。即教师能否用言简意赅、重点突出的语言使多数幼儿都明确操作的任务是什么，完成任务的规则又是什么，为完成任务教师给幼儿提供了哪些可利用的材料。

（2）教师能否给幼儿充分的探究时间与机会。要让孩子思考，就要给他们观察和思考的充分时间，不能直接指向结论。但给孩子思考的空间和时间也并不是让孩子空想和瞎想，必须是有方向性的，这个方向的给出在于教师的引导。

（3）教师的行为能否体现出尊重孩子和理解孩子。数学活动顺利进行与否，在很大程度上取决于孩子们是否能够放心大胆地对材料进行选择、摆弄和反复地尝试各种方式方法。因此，教师创造出一种轻松的心理环境是非常重要的。而要做到这一点，就需要教师做到尊重孩子的选择、尊重孩子的差异，努力理解孩子解决问题的方式和方法，必要时要等待孩子的"顿悟"，而不是急于将结论给出。

（4）教师是否能进行有目的地观察并准确地发现问题的实质。在数学活动中，教师随时对孩子操作情况进行观察是必要的。但以往教师的观察总是局限于发现一例问题，就地解决一例，结果教师总是忙于对个别孩子的指导，难免挂一漏万。在活动中我们提倡教师不急于指导，要"先观察后指导"。观察的主要目的是迅速捕捉到孩子们普遍的操作特点、典型的解决问题的方式、犯错误的类型、遇到的难点，等等。在此基础上，充分利用自己的专业知识对幼儿反映出的问题实质进行准确分析与判断，就可有针对性地对全班幼儿进行有效的指导。

（5）教师能否有效地帮助幼儿整理经验得出结论。经过幼儿充分的操作、探究，在不同幼儿的头脑中可能积累了不同的经验，形成不同的认识，这些经验和认识此时可能只是一种朦朦胧胧的感觉，一些零散的体验，特别需要教师帮助他们及时进行整理、归纳、提炼和上升。

（6）引导迁移。就是将幼儿刚获得的经验向生活中迁移，来解决生活中的新问题。

4. 儿童活动状况判断

通过对全班幼儿活动情况的考察，分析幼儿对活动的反映是怎样的，包括：①幼儿活动的积极性怎样？②幼儿活动的主动性如何？③幼儿思维的活跃性如何？

（四）活动效果分析

通过整个活动，从准备工作到过程的进行，从教师的指导到孩子的反应，综合分析判断本次活动的目标是否达到，整个活动的优点与问题是什么，以利于教师今后工作的改进。

第二课　幼儿园数学活动评价

对幼儿园教学活动的评价主要包括一日生活评价、课堂活动评价、游戏评价等。本节主要指数学活动中的评价。

一、目标的定位

教师在制定目标时，能意识到从知识技能转到关注"三维目标"达成，即关注幼儿认知、能力、情感三方的发展。目标定位符合大班幼儿年龄水平。目标明确了行为的主体是幼儿，陈述的是幼儿学习的结果。但在数学情感与能力的目标表述方面过于宽泛，活动落脚点不够明确。

二、数学情景创设

活动材料的选择体现了"生活化"的特点。《纲要》用"身边事物和现象""周围环境""生活经验"等词句明确了数学内容应取材于现实生活，适应幼儿的实际水平。教师选择幼儿较为熟悉的生活——"搬家"作为教学活动的主要材料，创设了轻松、活泼的教学氛围，使教学活动源于幼儿的生活，引导幼儿积极运用已有的生活经验去探索、去发现、去体会。

三、教学过程设计

教师已经意识到教学应从直接传授为主转向引导发现，以幼儿的直接体验为主，充分发挥幼儿的主动性与参与性。整个教学活动教师提供给幼儿两个大的操作时机，让幼儿在轻松的活动氛围中探究与发现，从而激发他们学习的主动性。

四、幼儿的操作练习

活动的操作体现出教师新观念，操作练习亦能体现"生活化"。教师紧密联系生活，为幼儿创设熟悉的生活情境，让他们在活动着的环境中操作练习，促使幼儿运用已有经验，探索数学知识，获得良好的情感体验，从而对数学活动感兴趣。活动选取生活中的实物供幼儿摆弄，注重将现实生活引进课堂，让孩子在实践中获得直接经验，自己感悟数学知识以及数学给人们生活带来的好处。

五、师幼互动的处理

从活动中可以看出，教师的观念开始有所转变，努力成为幼儿学习的支持者、合作者、引导者，并让幼儿面对生活，从自己的实际操作、探索和自己与客观事物的真实接触中学习数学、理解数学、发展数学，学会应用数学的观点和方法去发现和解决身边的实际问题，而不是把它们作为一种知识储备或教条。《纲要》中指出："幼儿园数学应尊重幼儿身心发展的规律和学习特点，充分关注幼儿的经验，引导幼儿在生活和活动中生动、活泼、主动地学习。"活动的内容来源于幼儿的生活，把生活中的知识恰到好处地运用在教学活动中，教师为幼儿创设情境并能及时抓住教育契机，对幼儿进行了恰当、巧妙的指导，体现了教师先进的教育理念。活动中，教师善于观察、果断决策，针对幼儿的表现，尊重幼儿的活动兴趣，让幼儿在积极互动的活动氛围中进行探究活动，调动了幼儿活动的积极性，促进了活动的顺利开展。

六、活动带来的思考

（1）在数学活动中应如何处理好教师的主导性与幼儿主体性的关系？

（2）在数学活动中，教师如何为幼儿的操作过程和结果提供一个适当的交流、表达的机会？如何与幼儿一同完成归纳、小结和提升？

第三课　多元化评价

《纲要》指出，数学的评价应体现目标的多元化、方法的多样化，实行个别化的、关注幼儿内在变化和情感体验的评价。多元化教学评价，实际上就是从学生的学习效果方面来对教师的教学进行评价。具体方法如下：

一、运用作业分析法进行评价

在幼儿数学教育活动评价中，可以通过分析幼儿的操作单来间接了解他们的学习情况。同时，幼儿的作业单还是对教师教学效果的反馈，教师可以根据幼儿作业中的错误加以诊断，改进教学。作业分析法和教学活动的联系非常紧密，它适用于教师对教学活动的评价。由于作业分析能够及时反映教学中存在的问题，因此可以充分发挥评价的改进功能。

教师还可以在教学过程结束之后，利用时间对幼儿的作业进行充分分析，在了解全班幼儿普遍水平的基础上进行横向比较，做到既掌握全面情况又发现个别问题，从而克服在教学过程中由于时间、精力等诸多因素造成观察不够细致和全面的缺点，通过研究和分析幼儿的作业，教师就可以了解每个幼儿的实际水平，做到因材施教。

作业分析法可以帮助教师迅速、简便地获知幼儿的学习情况，但是它也有其不足。它较多地反映了当前教学的影响，而不是幼儿稳定的发展水平。而且，幼儿对于不同形式的作业（如熟悉的作业和不熟悉的作业、具体形象的作业和比较抽象的作业），很可能表现出不同的水平来，从而掩盖了其真实的发展水平。这就要求教师能够透过不同形式的作业，看到幼儿真实的发展水平。

二、幼儿的自我评价

评价主体的多元化，就是让幼儿参与到教育评价的过程中。幼儿作为教育活动的参与者，也应该参与到对教育活动的评价中。教师鼓励幼儿对自身和同伴的学习进行反思和评价，可以促使幼儿的学习更自主，同时促使同伴之间的相互学习和交流。例如，在一次"认识梯形"的活动中，让每个幼儿尝试把一个长方形变成一个梯形。幼儿完成后，又让他们把自己变成的梯形都展示在白板上，引导他们比较自己和别人做的有什么不同。这实质上就是一种自我评价,幼儿的自我评价能促进幼儿的反思性学习,同时也能激励幼儿的学习动机。在这一教学过程中,教师扮演着引导者、支持者的角色,而幼儿扮演着学习者和评价者的双重角色,也就是说,幼儿通过自我评价来掌握学习内容。

幼儿自我评价更多地体现了评价主体的多元化。作业分析法的主体一般是教师,而在自我评价活动中,幼儿自己展示自己的作品,自己也可以欣赏自己的作品。除了教师之外,每个幼儿(包括自己和同伴)都成了评价的主体。除此之外,幼儿的作品展示还可以向局外人开放,使更多的人参与到对幼儿作品的评价之中。

鉴于这一特点,它正成为当前幼儿数学教育活动评价中最有生命力的方法,幼儿既是展示品的作者和展示的布置者,也是展示的参观者。当幼儿意识到自己的作品将被展示时,他们会更精心地去完成其作品;当幼儿在选择和布置展示作品时,他们会自发地将自己的作品和别人进行比较和交流;当幼儿向别人介绍他们自己的作品时,他们必定会充满自豪感,同时也不可避免地要对自己的学习加以反思。可以说,展示法是能够让每一个幼儿都能积极、主动参与的评价方法,也是能够让每一个幼儿都能体验到成功的评价方法。

总之,教师必须坚持评价的科学性、有效性和可操作性,要充分认识到评价在幼儿数学教育中的作用,不是为评价而评价,而是树立起"发展性评价"的观念,使之真正成为促进幼儿发展的手段。

幼儿园活动评价表

幼儿园			班级		日期		被评者	
活动内容					地点		评价者	
活动目标	全面性	涉及情感、能力、经验等						
	具体性	具有可操作性						
	针对性	针对幼儿年龄特征和发展水平						

第九单元 幼儿园数学教育活动的评价

续表

幼儿园			班级		日期		被评者	
活动内容					地点		评价者	
活动内容	科学性	符合幼儿现有水平，并具有挑战性						
	趣味性	符合幼儿的兴趣和需要						
	生活性	联系幼儿生活						
环境创设	物质环境	合理利用、开发幼儿园、社区、家等资源						
		材料具有可操作性，并引发幼儿的探索						
		材料有利于发现关系、获得经验						
		数量充足、能利用废旧物品						
		充分利用场地、布局合理						
		提供充分、适当的操作时间						
	心理环境	创设自主操作的环境						
		鼓励、支持幼儿的探索						
		允许幼儿出现错误						
活动实施	幼儿主体性	积极地探索和操作						
		积极地思考和回答问题						
		积极地交流						
	教师主导性	引导合理、有效						
		能根据内容的内在逻辑性组织活动						
		灵活地采用方法、组织形式和教学手段						

续表

幼儿园			班级		日期		被评者	
活动内容					地点		评价者	
活动实施	教师主导性	适时、必要地总结和提升经验						
		围绕目标开展活动						
		突出重点、突破难点						
		灵活地处理发生的问题						
指标					评价等级			活动评价
一级指标	二级指标	三级指标			优	良	中	差	（文字说明）
活动效果	幼儿发展	社会性、情感、态度发展							
		能力、技能发展							
		知识、经验发展							
总评及建议									

幼儿园教学听课记录表

班级		地点		时间		执教者	
内容						记录者	
教学实录				教学点评			
意见及建议							

参 考 文 献

[1] 冯晓霞. 幼儿园课程［M］. 北京：北京师范大学出版社，2002.

[2] 朱家雄. 幼儿园课程［M］. 上海：华东师范大学出版社，2003.

[3] 林嘉绥，李丹玲. 幼儿园数学教育［M］. 北京：北京师范大学出版社，1994.

[4] 林嘉绥. 幼儿园数学教学法［M］. 北京：北京师范大学出版社，1990.

[5] 周淑惠. 幼儿数学新论［M］. 台北：心理出版社，1995.

[6] 金浩. 幼儿园数学教育概论［M］. 上海：华东师范大学出版社，2000.

[7] 朱慕菊，等. 入学前数学教育［M］. 北京：中国少年幼儿出版社，1995.

[8] 胡本炎. 小学数学教育心理学研究［M］. 上海：华东师范大学出版社，1998.

[9] 施燕. 幼儿园科学教育［M］. 上海：华东师范大学出版社，2006.

[10] 王志明. 幼儿园科学教育［M］. 南京：南京师范大学出版社，2001.

[11] 张骏. 幼儿园科学教育［M］. 北京：人民教育出版社，2005.

[12] 刘占兰. 幼儿园科学教育［M］. 北京：北京师范大学出版社，2002.

[13] 周鸣. 打开眼睛，让我们一起发现［M］. 上海：百家出版社，2003.

[14] 余志强. 科学课程论［M］. 北京：科学教育出版社，2002.

[15] 徐苗郎. 幼儿数学教学游戏化的探索［J］. 幼儿教育，1998（9）.

[16] 陈国眉，冯晓霞. 学前心理学参考资料［M］北京：人民教育出版社，1991.

[17] 中国学前教育史编写组. 中国学前教育史资料选［M］. 北京：人民教育出版社，1989.

[18] ［苏］A·M. 列乌申娜. 幼儿园初步数概念的形成［M］. 曹筱宁，成有信，朴永馨，译. 北京：人民教育出版社，1982.

[19] 庄爱平，王岳林. 幼儿数学教育［M］. 天津：南开大学出版社，2011.